やるべきこと、
やりたいことが
見つかる!

1行書くだけ日記

Yahoo!アカデミア学長
伊藤 羊一

人は誰でも、「今のままでいたくない」「こんなことができるようになりたい」「もっと成長したい」と思うことがあるのではないでしょうか？

それこそ人生や仕事のことから、ダイエットやスポーツ、勉強まで、様々な「なりたい」「こうしたい」という気持ちがあると思います。

また、それ以前に、「そもそも自分は何がしたいのか」と考えてしまうこともあるかもしれません。

でも、変わりたいと思っても、きっかけがなかなかつかめない。

人生を大きく変えるような出来事なんて、そうそう起こらないものでしょう。

そもそも毎日あわただしく過ごしていて、気づいたら1年が終わっていた、ということもあるのではないでしょうか？

大丈夫です。

僕が断言できるのは、生き方を変えるようなドラマチックな出来事がなくても、毎日の仕事や生活の中に、

・成長するために必要なこと

・自分がやるべきこと・やりたいことを見つけるヒント

は詰まっているということです。

本書は、それを見つけるための方法として、僕がやっている「1行日記」を紹介したいと思います。

方法は簡単。毎日1行、思いついた出来事を書くだけです。

紙でもアプリでも、カレンダーでも、何に書いても構いません。

「本当に効果があるの？」と思われるかもしれませんが、これで振り返りをすると、

・仕事ができるようになる

・自分のことがわかってくる
・自信が持てる・自己肯定感が高まる
・自分の進むべき方向が見えてくる
など、大きな効果が期待できます。
この振り返りをはじめてから、自分の成長の速度は格段に上がるようになりました。

この振り返りを習慣にしたおかげで、50代の今も、成長が加速しており、新たなやりたいことにも挑戦できています。
それを本書で初公開したいと思います。

1行日記の全体像

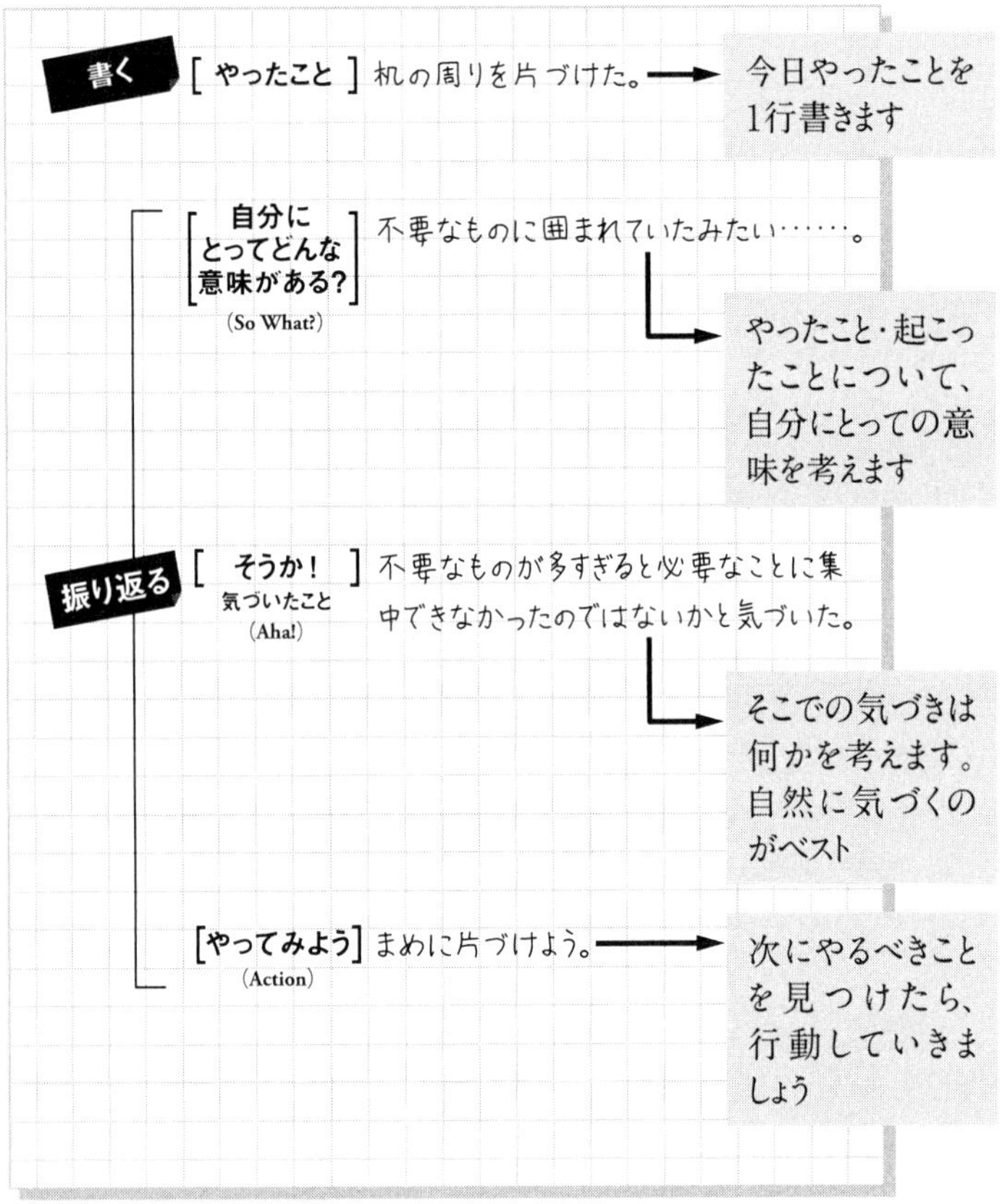
書く
[やったこと]
机の周りを片づけた。
今日やったことを
1行書きます
振り返る
[自分にとってどんな意味がある?]
(So What?)
不要なものに囲まれていたみたい……。
やったこと・起こったことについて、自分にとっての意味を考えます
[そうか!
気づいたこと]
(Aha!)
不要なものが多すぎると必要なことに集中できなかったのではないかと気づいた。
そこでの気づきは何かを考えます。自然に気づくのがベスト
[やってみよう]
(Action)
まめに片づけよう。
次にやるべきことを見つけたら、行動していきましょう

はじめに　自分の人生を後悔しないで生きたい人へ

先日、久しぶりに横浜の街を歩いていた時のことです。ふいに20年以上前の記憶が蘇《よみがえ》りました。当時勤めていた銀行で、5年間、横浜駅の近くで仕事をしていた時の風景です。

毎朝スーツを着てこの通りを通勤していたよな。この店、まだあるんだな。そんなことを思い出しながら、なんだか不思議な気持ちになりました。建物も港の風景もそれほど変わらないのに、街の見え方がまったく違うのです。

当時の僕は、会社勤めをしながら、自分が何をやりたいかもわからず、仕事に取り組んでみても、本当にこれでいいのか手応えもなく、先の見えない日々を過ごしていました。記憶の中の横浜は、もっと暗い印象でした。

53歳になった今、視界に入るものが楽しそうに見えて「こんな店があるのか。ちょっと覗《のぞ》いてみようかな」「こんなものが流行しているのか」とアンテナにビシビシと情報が届く感覚で、街全体が明るく見えます。

同じ街を歩いているのに、どうしてこんなに違って見えるのだろうか。

ひとつは、自分自身のコンディションなのでしょう。仕事でうまくいかない時というのは、街の風景ひとつをとっても違って見える。そんなことに気づきます。

もうひとつ、より大きな理由は、世界のあらゆる事象を貪欲に受け止めて、自分の糧にしたいというモードにギアチェンジしたからではないかと思います。というよりも、そういうモードに大きくギアチェンジしてきたからこそ、つらい状態だった自分から抜け出すこともできたし、仕事もできるようになった。

25年前の自分は、「傍観者」のように生きていました。仕事というのは、会社の誰か偉い人がルールを決めて、上から降ってくる作業をこなすものだと思っていましたし、テレビで悲惨なニュースを見て、ひどいな、大変だなと思うことはあっても、自分とは関係のない世界の出来事だと思っていました。

誰かに言われた仕事に振り回されるのではなく、仕事もルールも自分でつくり出すものだと、今では思うようになりました。自分自身が生涯をかけてやりたいと思う仕事を見つけることができたし、毎日、完全燃焼したと思えるくらい仕事をやりきって、好奇心のアンテナをあちこちに張り巡らして生きることができています。

日々の出来事から学ばなければ、死んだように生きることになる

僕は成長の速いタイプではありません。むしろ遅いほうの部類に入ると思います。銀行に入行したのはいいものの、どうやって成果を上げていいかわからず、同期が成果をどんどん上げていくのを横目に見ながら、一時期はメンタル不調に陥り、毎朝出社することさえ苦痛でした。

その時に思ったのは、**日々の出来事から少しでも多くのことを学ばなければ、自分は「死んだように生きてしまう」**ということでした。

僕たちは日々、様々な出来事に触れています。朝起きて、家族と会話したり、通勤電車で中吊り広告を見たり、同僚と打合せをしたり、おいしいものを食べたり、本やネットの記事を読んだり、テレビや動画を見て過ごしています。

こうした出来事は、意識しなければ、目の前を通り過ぎて、忘却の海に消えてい

きます。僕は、そうした出来事からも、とにかく学ぼうと思いました。

人より成長が遅いのなら、同じ24時間で起こった出来事から、なるべく多くのことを学んで、自分を変えていかなければ、仕事で世の中に貢献することは一生できない。そう考えたのです。

そのために、僕がはじめたのは「1行日記」をつけるということです。

方法は簡単です。**毎日、1行だけ日記をつける。振り返りの習慣をつける。**これだけです。

1行日記をつけて、振り返りをすることで、まず**仕事の質が変わりました。自分がやりたいことが明確になり、腹の底から納得して、自分の信じる道を進むことができるようになりました。**毎日、自分との対話を繰り返すことで**自己理解が深まり、**この習慣を続けることによって、**自己肯定感を持てるようになりました。**

僕は学生時代、バンドをやっていたのですが、ライブの後は必ずといっていいほど自己嫌悪に陥りました。

ライブの出来が良かろうと悪かろうと観に来てくれた友人が褒めてくれようと関係ありません。あのコードを失敗した。ここはこんなふうにできたはずだった。そんな反省が次から次へと湧いてきて、自己嫌悪で頭がいっぱいになるのです。

仕事をやっていても同じです。何かアクションすれば、大抵その後ゆううつになります。性格も大きいのでしょうが、仕事で何の後悔もなくスカーッと終われることがありません。頭の中でいろんな情報が混沌としているからです。

一行日記をつけて振り返ると、様々な思いが整理され、そのゆううつから脱却できます。そして、たとえ亀のような歩みであっても、少しづつ成長していくことができます。

もし、今、やりたいことがないのなら。
自分は、こんなはずじゃないと思っているのなら。
「こんなふうになりたい」うらやましい誰かがいるのなら。
チャンスです。

現状に満足していないということは、振り返りの最大のパワーです。成長の糧は、1日24時間分、あらゆる人のまわりに転がっています。家の中にいようが、外にいようが、ゼロということはありません。

気になるもの、ワクワクするもの、うらやましいと思うこと。その一つひとつを丁寧に拾って、逃げずに振り返りを続ける。そして気づきを得る。

その回数が人の成長を決めます。

この10年間、試行錯誤を続ける中で、やっと「振り返りのフォーマット」ができてきました。40代で入学し、今では教鞭をとっているグロービス経営大学院で学んだ問題解決の技法や、僕が学長を務めているＹａｈｏｏ！アカデミアでのリーダー開発の仕事を通じて、フォーマットを進化させてきました。

このフォーマットで続けることで、50代になった今も年を追うごとに成長が加速しているような実感を得て、新しい領域でやりたいことに挑戦し続けています。

20代の時から、僕自身を取り巻く世界が大きく変わったわけではありません。けれども、自分が振り返りの習慣を持ち、あらゆるものから学ぶことで、世界の見え方さえ変えられるのだと思いました。
毎日、たった1行を書くことが自分を成長させるエンジンになります。この武器を手に入れて、さらに大きく成長してみませんか？

伊藤　羊一

スマホ、ノート、手帳、カレンダーでもできます

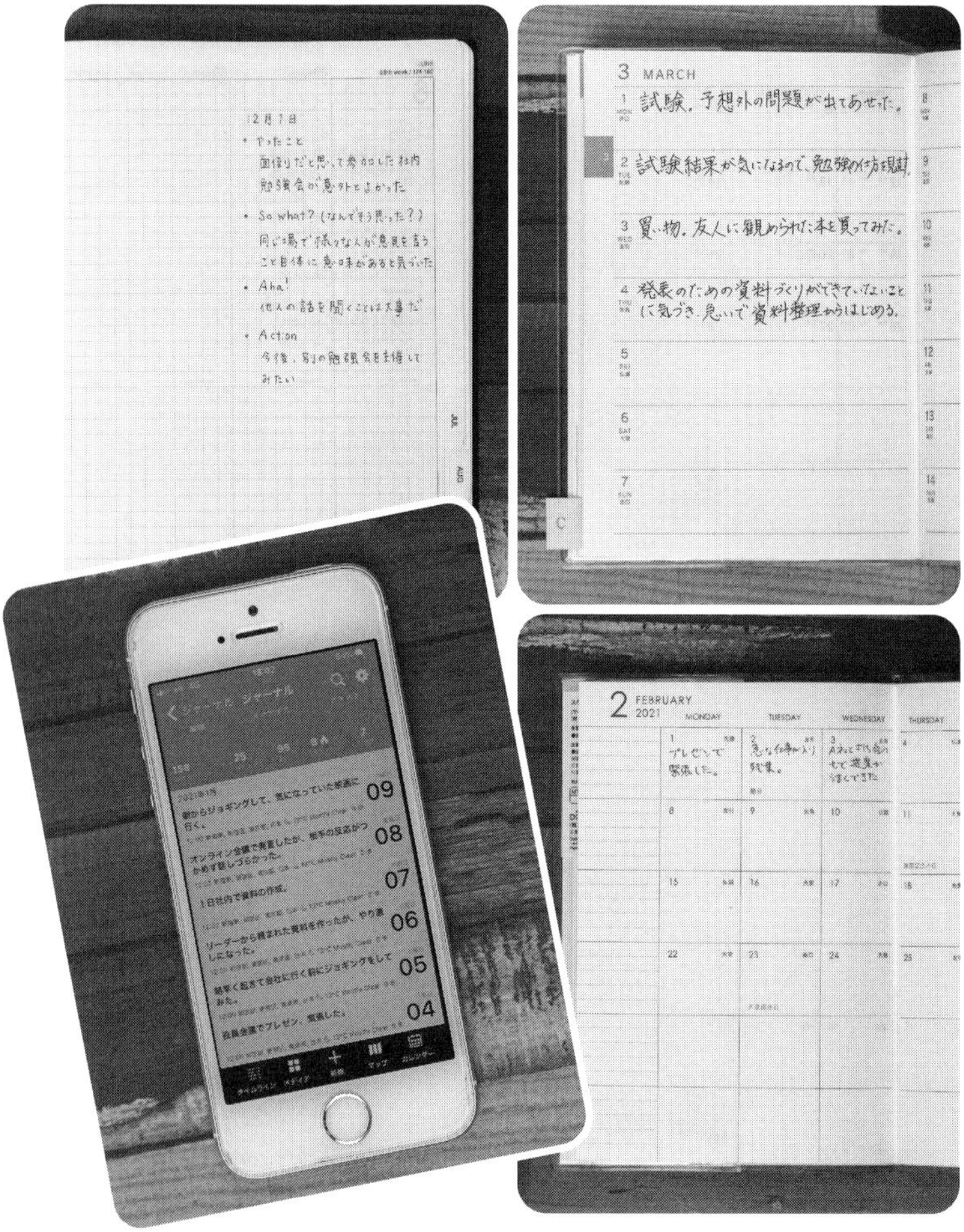

第1章

なぜ、書いて振り返ると「自分がやるべきこと」が見えてくるのか

なぜ、毎日書いて振り返りをしているのか

僕の夜の毎日のルーチンは、「日記」＋「散歩」＋「瞑想」です。

忙しくても必ずこれをやります。

「振り返り」こそが成長に必要であり、むしろそれ以外はいらない、といえるのではないかというほど、大事にしています。

たとえば、テニスなどのスポーツも、試合に出て「勝った！」「負けた！」だけで終わらせている人と、毎回その試合を振り返って、「今回はこれでうまくいかなかったから、次はこういうふうにしよう」と気づきを得て直していく習慣がある人とでは、どちらが上達のスピードは速いでしょう。もちろん後者ですね。振り返って気づいて、それを行動に移していく人は、成長が速いです。

仕事も学びも同じで、振り返ってたくさんの気づきを得て、それを次に活かしていく、ということを意図的にやっている人は、早く成長します。

Ｙａｈｏｏ！アカデミアや僕が講師をするグロービス経営大学院でも、振り返りは奨励しています。こうした社会人向けの学校で実は重要なのは、スキルやテクニックそのものより、「振り返りの習慣」をつけることであるようにも感じます。授業の振り返りを愚直なまでにやっていく中で「未来に向けてこうなっていかなければいけないな」と気づく人が1割程度。そうした人は、その後結果を残していく人が多いように思います。

一方、振り返りの習慣がつかなかった人の中には、「スキルやテクニックは学んだけれど、どうしていいかわからない」という方もいます。

同じ経験であっても、振り返りで、「学び」も「成長」も大きく変わるのです。

結局、人の成長を決めるのは、持って生まれた性質ではなく、**毎日起こる様々な出来事を題材にして、どれだけたくさんの気づきを得られるか、**その回数を重ねていけるかということなのだと思います。

人はどうやって変わるのか

少し話は変わるのですが、本書を手に取られた方は、何か自分自身を変えたいという思いを持たれているのではないかと思います。

人が変わる時、何か大きな出来事がきっかけになることがあります。

自分にも、これまでの人生を振り返って、明らかに転機となった大きな出来事がいくつかありました。

ひとつは東日本大震災です。２０１１年3月11日14時46分、僕は当時勤めていたプラスという会社の東池袋オフィスにいました。すさまじい揺れとともに本棚や植木がバタバタと倒れて、このままビルが倒壊するのではないか、死ぬのではないかと思いました。

プラスではオフィス用品の流通を担当していたので、揺れが収まると、その日に出荷できなくなった注文の処理を行ないました。それから緊急復旧チームを立ち上げて、東北に物資を送る体制をつくっていきましたが、それから数日間、どんな行動をしたか、誰にメールをしてどんな指示を出したか、僕は細部に至るまで頭の中で再現することができます。それだけ、忘れようにも忘れられない衝撃的な出来事でした。そしてそれをきっかけに、自分にとっての目指すべきリーダー像が見えてきたように思います。

こんなふうに人生を変えるような衝撃的な出来事は、誰にでも起こると思います。でも、それを唯一の成長のきっかけにするわけにもいきません。

確かにこうした出来事は、結果的には成長のきっかけになりますが、「衝撃を求めて生きる」のって、何かおかしいですよね。

では、どうすればいいのでしょうか。

ひとつは、非日常的な場に身を置いてみることでしょう。知らない場所に出かけてみたり、やったことのない仕事に挑戦することは有効だと思います。

そしてもうひとつ、「非日常的な経験」と同じくらい大事なのは、**日々の振り返**

りです。

その日に起こった出来事をきちんと拾い上げて、自分にとってどういう意味があるのか考え、気づきを得るというプロセスを繰り返し、気づいたことを実行してみる。続けてみるとわかるのですが、日常の出来事からも、様々な気づきが得られます。そして、そのプロセスを繰り返すことで、人生を変える大きな出来事と同じくらい、自分にとって大きな意味が生まれてきます。

たとえばオンライン会議をしていて、部屋の照明ひとつで相手の印象が違って見えた、ということも気づきです。「蛍光灯と白熱灯だとこんなふうに違って見えるんだな」「じゃあ、今度、白熱灯色のライティングを使ってみよう」と思ったら、次のオンライン会議で早速試してみます。

1時間のオンライン会議をボーッと過ごしてしまうこともできますが、ちょっと意識を変えるだけで、たくさんの気づきを得られます。オンライン会議では伝え方も変えたほうがいいのではないか、表情を大きくしたほうが相手の人が話しやすくなるかもしれない――、1個、2個の気づきでは、そこまで大きな変化はないかもしれません。でも、それが100個の気づきになれば、「オンライン会議でも、対面で話すのとまったく変わらず説得力があるね」と評価されるくらい大きく成長することができるかもしれません。

言い換えれば、成長の速い人は、他の人と同じ経験をしていても、気づきが多く、その時間の密度が違っているのです。

なぜ、「記録」が大事なのか

さて、「振り返り」が大事である一方で「記録」の大事さに改めて気づいたのは、ダイエットをした時でした。

そう、「1行日記」はダイエットにも役立ちます。

2019年の秋、3か月間ほどダイエットに挑戦しました。あるヘルスケア・フィットネスアプリのサービスを利用して、毎日、食べたものを記録し続けました。

このダイエットプログラムでは、スマホでその日の体重と、とった食事を記録すると、栄養士さんが毎食コメントをくれます。3か月間、それを繰り返すだけで、体重やスタイルが目に見えて変わり、自分の習慣も大きく変わりました。

毎日記録を続けるのは、もちろん栄養士さんからアドバイスをもらうためですが、それだけではありません。記録を通じて、否応なく自分と向き合うことになります。毎日、自分の体重を数字で直視しなければいけませんし、これまで無意識に間食したり、食べすぎたりしていたものも、言葉にして記録することで意識せざるを得なくなります。

そうなると不思議なもので、自然に暴飲暴食しなくなります。「食べないぞ」と鼻息荒く決意しなくても、記録と振り返りを繰り返すうちに、食べたいモードがだんだん薄れていくのです。毎日記録していくこと自体が心地良くなって、**自分自身の意識が変わり、自然となりたい自分に近づいていくのがわかりました。**記録の積み重ねそのものが蓄積になり、自分の財産になっていく感覚です。

また、もうひとつわかったこととして、「記録をとる」という習慣が、精神の安定にもつながると気づいたことです。毎食後、アプリを立ち上げて記録するのですが、わずか1分ほどの作業をすることで、その時点の緊張や雑念をクールダウンして、自分のホームグラウンドに帰ってくるような気がしました。

野球選手やサッカー選手は、ホームグラウンドに戻ると精神的に安定して勝ちやすくなると聞きますが、自分の生活の中で、意図して**「精神的なホームグラウンド」をつくる**ことが重要なのだなと思いました。

小さな作業を怠らずに積み重ねていくことで、今日もきちんとできたというささやかな自信にもつながります。もちろん意識していたわけではありませんが、毎日同じことをやり続けて習慣化するということは、自己肯定感を上げることにもつながるという発見がありました。

最終的に、3か月のダイエットの結果、10キロの減量に成功しました。でもそれ以上に意味があったのは、振り返りを繰り返すことで、たとえ何歳になっても食生活や体型を自分でコントロールできると実感したことでした。

いくつになっても、自分の人生は自分で思い通りに設計していくことができるのです。

書いて振り返ること＝メタ認知

さて、ダイエットでは、記録を残すことで、より客観的に自分を知ることができ、減量に成功することができました。

実はここに「書く」ことに関する大事な効能があります。

僕が長年仕事をする中で、仕事で成果を上げる人の共通点、もしくは、大学受験に成功するような学力をつける人の共通点として、**「メタ認知力を持っているかどうか」**ということがあるように感じます。

「メタ認知」とは、「自分が認知していることを認知すること」という心理学の用語ですが、「自分自身をまるで外から見ているように客観視すること」と考えてもよいでしょう。

たとえば、相手の言葉にカッとなって、きつい言葉を返してしまった時、どこかで客観的な自分がいて「あ、自分は今怒っているな」「ちょっと言いすぎてしまったな」と観察したり分析できるのは、メタ認知力があるからです。自分の進めている仕事に対して「待てよ、このやり方でいいのかな」「もっといいやり方がないだろうか」と自問自答できるのもそうです。

仕事で成果を残す人や、成長が早い人は、必ずといっていいほどこのメタ認知力が高いと僕は感じています。なぜでしょうか。自分の知覚を含めて自分を客観視することで、何ができていて何が足りないのか、自分で見つけて、改善していくことができるからです。

わかりやすくいえば、メタ認知力というのは、俯瞰《ふかん》して構造する力と言い換えてもいいと思います。自分の仕事がどうだったか、自分の言動が他人からどう映るかといったことを、あたかも第三者から見るように俯瞰して、「現状はこうなのか。じゃあ、どうしよう?」ということを考える力だからです。

僕の尊敬する田坂広志さんの著書に『人は、誰もが「多重人格」：誰も語らなかった「才能開花の技法」』(光文社新書)がありますが、一流のリーダーは複数の人格を切り替えながら仕事をしているというのです。経営共創基盤CEOの冨山和彦さんが「リーダーは合理と情理の達人たれ」と言っているのも、本質的には同じことなのではないかと思います。つまり片方の自分は冷徹なまでに現実を直視してソロバンを弾いていて、同時にもう1人の自分がリアルに人と対峙する中で愛情ややるせなさを感じる。その一見相反する自分を両立して、俯瞰する能力がリーダーにとって必要な資質なのだと思います。

田坂さんや冨山さんのお話を自分なりに解釈すると、死に物狂いで仕事をしている自分のほかに、必ず「メタ自分」がいるようにしておくということだと思っています。

メジャーリーグで活躍されたイチローさんも、「自分の身体がどのように球を打っているかを説明する意識的努力が現在の自分をつくってきた」と話しているそうです。活躍する人は常に自分を意識して、変えているのだなと感じます。

少し話が脱線しましたが、誰にでもこの「メタ認知」ができるのが、「書く」ことです。言葉にすることで、自分がとった行動を客観視することができるからです。

できるだけその場の雰囲気を思い出せるように書くことで、客観的にその時の「場」を見ることができ、結果的に「メタ認知」と同じような状況をつくれるのです。

これを繰り返すことで、だんだんと客観的に自分を見る習慣ができてきます。

いくつになっても「振り返り」で変われる

振り返りの習慣を身につけることができれば、何歳になっても成長することができます。

僕は20代の時、どうやって仕事をしていいかもわからず、同期が仕事でどんどん成長していくのを横目で見ていました。30代になり、銀行からプラスに転職して、これまで経験のない業界でどうやって成果を上げればいいのか迷いながら、40代でグロービス経営大学院に通学するようになりました。

今50代に入って、はっきりといえることは、これまでのどの時期と比べても成長のスピードが格段に違って速い、ということです。大げさに聞こえるかもしれませんが、先月よりも今月、先週よりも今週の自分のほうが成長のスピードが上がっている実感があります。それは、振り返りをして、気づきを得るという習慣が自分の中にビルトインされているからです。

実は僕には、若い時には、経験も少なく、あまり勉強してこなかったという焦りにも似た意識があります。それをリカバリーするためには、**一つひとつの行動に意味を持たせて、できるだけたくさんの気づきを得て、成長の糧にする**しかないという思いがありました。だから今は意識的にそれをやっています。その成果が、今の成長の速さにつながっているということだと思います。

つまり、スタート地点が同じでも、たとえ人より遅れていても、毎日振り返って、気づきを得るサイクルを続けていくことで、いくつになっても成長することができるのです。

僕は今、ビジネススクールの講師をしていますが、2~3年のコースを受講する間、明らかに変わる人と、そうでない人がいます。その違いは、きちんと振り返りのプロセスを身につけることができたかどうか、さらにいえば**「自分にとってどういう意味を持つか」**という視点で学ぶことができたかどうかだと思います。

たとえばファイナンス（企業の財務）のクラスをとったとします。でも「会社で自分が担当しているのは営業で、ファイナンスの知識をすぐに活かせるわけではない。でもカリキュラムにあるから、一応勉強しておこう」。そんなスタンスで学ぶのと、「今の仕事に置き換えて考えるとこういうことだな。これが取引先のスタンスを理解する上で役立つから、明日から仕事で使ってみよう」と思って学ぶのでは、1年、2年経つうちに雲泥の差になるのはおわかりだと思います。

そうやって意味を持たせて、自分にとっての学びを抽出できる人は、どんな経験からでも「自分はこれを学んだな、未来に向けてこうなっていこう」というアクションにつなげて、変わっていくことができます。そして、そういう人と数年後に会うと、起業していたり、会社の中で目覚ましい成果を上げて自分の人生を突き進んでいるのです。

一方、ビジネススクールで教える一つひとつのフレームワークや分析スキルなどの知識は学んだけれども、それを今ひとつ活かしきれていないという人は、学びや経験と自分自身をつなげることができていないのだと思います。

もちろん、それはビジネススクールに限った話ではなく、人生のすべてにおいていえることでしょう。仕事もそうですし、本や映画ひとつとっても同じです。「自分にとってどういう意味を持つか」という視点で学ぶことさえできれば、何歳になっても変わることができるのです。

そしてそれは、毎日の振り返りの仕方によって、誰でもできることなのです。

「1行日記」で、自己肯定感が上がる

僕のいかつい風貌《ふうぼう》を知っている人からは、信じられないといわれるのですが、僕はガラスのハートの持ち主で、結構落ち込みやすいのです。

当初、この「振り返り」の習慣も、落ち込みやすい自分を立て直すためにはじめました。

大学時代、僕はアマチュアバンドでボーカルを担当していて、時々ライブをやっていたのですが、そのたびに自己嫌悪に陥っていたのです。

「なんであそこであんなふうに歌ってしまったんだろう」

「なんであの時ミスしたんだろう」

とネガティブな思いでグワーッと頭の中が熱くなってきます。

毎回終わった瞬間は、ものすごい自己嫌悪にかられるので、「今回はやったぜ！」

と思えたためしは一度もありません。

一方で来ていただいた皆さんは「よかった、よかった」と言ってくれるわけです。

最初は「俺の失敗をみんな気を遣って言わないようにしてくれているんだ」と思っていました。自分では本当に「失敗したーー」と落ち込んでいるわけですから、もう気を遣ってくれているとしか思えないのです。

でも、ある時気づきました。

見てくれた人たちは、本当によかったと思って、そう言ってくれているのではないか。

自分の思いや自分の感覚と、他人の受け取り方は違うのではないか、と気づいたわけです。

だったら、毎回うわーっと自己嫌悪に陥るのではなく、客観的に振り返ってみればよかったのではないか。振り返って考えれば、客観的に自分のライブについて見つめることができ、改善点が見つかるだけでなく、あんなに落ち込むことにもならなかったのではないかと。

この本には「失敗した」時の振り返りも紹介していますが、**落ち込みすぎないためにも、起こったことを書いて客観的に考えてみるとよいと思います。**

また、実際に書いてみると、思った以上に、毎日様々な出来事があり、様々なことに気づくことでしょう。こうしたたくさんの発見も、だんだんと自分の自信につながってくると思います。

忙しいと振り返ることもできず、自分も今も見失ってしまう

「毎日の仕事や家事が忙しくて、振り返りをしたくても、なかなか時間がとれない」という方もいるでしょう。

ただ、この「1行日記」を続けて思うのは、逆に振り返りの時間を持つことによって自分の時間をつくることができるということです。

過去を振り返ることによって、自分が何をすればいいのかということが自然と明確になっていきます。未来というのは、過去と現在の延長線上にあるわけですから、過去を振り返ることで、進むべき未来が見えてくるのは、当然といえば当然のことかもしれません。

逆に、僕が若い頃、振り返りの習慣を身につけていなかった時には、自分が何を

したいのかもわからず、「他人に言われたから」「みんながいいと言っているから」という理由で動くことが多かったように思います。そうすると、自分の本当の想い、何をやりたくて、何をしている時にワクワクするのかという基準がどんどん曖昧になってしまうのです。

結果的に、やりたくもない仕事を引き受けてしまったり、同じ失敗を繰り返してしまうことも多くありました。「成長しなければ」という気持ちばかりが先走り、いろいろな本を買い込んで勉強でもしてみようと思うのですが、優先順位があやふやなままなので、身につくこともありませんでした。いろんなことをやってみても、結局、自分のための時間にはなっていないのです。

しかし、振り返りを繰り返すことによって、**過去と現在をつなげる線が見えるようになります**。そして、その延長線上に進むべき未来が見えてきます。

すると、様々なことがシンプルになります。

自分がどこを目指せばいいのか、道筋が明らかになれば、余計なことをやらなくてすむようになります。しかもそれは、誰に言われたことでもなく、自分自身の日々の体験から発見した、自分だけの軸となるのです。

振り返りの習慣を持つことによって、過去の経験を糧に、自らをさらに変えていくことができます。先日も振り返りをしていた時、ふいに大学時代に2か月くらいやったアルバイトのことを突然、思い出しました。そして経験を積み重ねたことにより、その時にできなかったこと、つらいと思ったことが、30年経って解決していることに気づき、経験の大切さに気づきました。そうやって、日々の気づきだけでなく、限りなく長い時間を経て、あらためて気づくこともあるわけです。

そう考えると、人生というのは、何かスペシャルな体験をして、そこからひとつふたつの学びを得るというものだけではないのでしょう。現在の自分があらゆるものから学ぼうという意思と型を持ってさえいれば、数十年前の記憶を反芻《はんすう》して気づきを得て、変わっていくことができるのだと思います。

「これからが　これまでを決める」という言葉があります。もちろん過去に起こった出来事を変えることはできませんが、これから自分のつくっていく未来が、過去の出来事の意味合いを変えていくのだと思います。

僕自身、振り返りを繰り返すようになって、子どもの頃に起こったいろいろな出来事や、その時に感じていたことの解釈がどんどん変わっていっています。今の人生に照らすと、こういうことだったのだなという新たな発見があるのです。現在の経験はもちろん、過去の経験に遡《さかのぼ》り、振り返って反芻しているうちに、気づきが増えていきます。

これからご紹介する「1行日記」の書き方や振り返り方は、長年自分で試したり、ヤフーやグロービスで振り返りの仕方を伝えるうちに、また経営者やビジネスパーソン、学者の方などに「振り返り」について話を聞く中で、ようやくフォーマットとして固まってきたものです。いつもそんなに自信があるわけではない僕ですが、この振り返りの仕方だけは自信があります。振り返りのコツも紹介しますので、ぜひ、最後まで楽しんで読んでいただければ幸いです。

僕の1行日記（一部）

2日も既に通常稼働
仕事している。頑張る。
武蔵野大学の準備が焦り始める
頑張る。
ゴーン被告逃亡事件
これはさすがにあかんやろと思う。
アカデミアのテーマにするかな。
東大に卒業証明書をとりに
久しぶり。いや、大学っていいね。
これ作っていくのか―という感じ。
燃える。
そして済生会で、胃腸の様子をみてもらおうとすると色々面倒なことに。くそ。
大森オフィスで
淡々と仕事。
学び続けることの大事さを実感。
こんな記事が出て
少し恥ずかしい
https://toyokeizai.net/articles/-/320428
さて明日は久々の出社。
もう、大森オフィスでの作業に没頭していたので、なかなか紀尾井町はご無沙汰だ。

column

メタ認知力を高めるためには

メタ認知力を高めるには、自分を物語の中に置いて妄想してみることも有効です。

僕はよく日本経済新聞の「私の履歴書」を書いている自分や、「プロジェクトX」(2000年から2005年までNHKで放送されたビジネスドキュメンタリー番組）の主人公になった自分をどこかで妄想しています。そうすると、ちょっと怠けて手を抜きたいなとか、ズルしても誰にもばれないんじゃないかという誘惑に駆られた時も、「いや、待てよ。ここで手を抜いてしまったら、『私の履歴書』には書けないぞ」というストッパーが働きます。妄想で描くストーリーの中の自分を、別の自分が冷静な視点で見ることで、メタ認知することができます。これ、僕の友人の中でも、「実は自分もしているよ」という人は多いです。

ちなみに一時期は、ビジネススクールのケース（教材）の主人公になったら、どんなふうに振る舞うかということを妄想していました。何年か経って、それは思いがけず現実になりました。物語の主人公として毎日振る舞うことで、少しずつ現実を妄想の自分に近づけていく作用もあるのだと思います。

自分の好きな番組やマンガの主人公になったら、という設定でもいいと思いますし、大成功した自分の自伝を頭の中で書いてみてもいいと思います。

ストーリーの中の自分を俯瞰して見る視点と、今目の前のことに集中する視点の両方を行き来できるようになれば、しめたものです。

頭の中で考えているだけでは、ただの妄想で終わりますから、実際のアクションにつなげて、またそれを振り返るのです。未来の自分を妄想して、過去の自分を振り返り、行動する。そして次のアクションにつながる気づきを得る。こんなループが回りはじめます。

第2章

「1行日記」の書き方

「1行日記」とは何か

——「何をしたのか（What）」を記録し続ける

では、「1行日記」について具体的に説明していきましょう。

やり方はとても簡単です。毎日、その日に起こったことを書く。書いたことを振り返ってみる。これだけです。

【「1行日記」の書き方】

・1行書くだけでいい

1行書くだけなので、どんなに忙しい人でも、毎日続けることができます（具体的な方法については、後で説明します）。

もちろん、もっとたくさん書きたい時には、1行以上書いてもOKです。ただ、最初から長く書きすぎると続かなくなってしまうので「ちょっと書き足りないかな？」くらいがちょうどいいと思います。

・書く場所はなんでもいい

手帳やノートに書いてもいいですし、アプリやウェブ上のカレンダーに入力しても構いません。僕は、しばらく携行式の5年日記を使っていましたが、現在では「Day One（https://dayoneapp.com/）」というアプリを使っています。クラウドのサービスなので、移動中や打合せの合間にメモ代わりにスマホで写真を撮ってアップし、夜、自宅のPCの前で1日を振り返りながら文章を入力することが多いです。

Day Oneの画面

・言葉にすることが大事

手書きでもＰＣやスマホへの入力でも、大事なのは、言葉にすることです。言葉にするプロセスを通じて、自分にとって必要な体験を取捨選択して、抽象化することができます。

以前、僕が教えているビジネススクールで、3時間の講義で話したことを緻密にノートにまとめて送ってくれる受講生の方がいました。それが講演のテープ起こしのような全文ログになっているかというと、そうではありません。言葉にする時点で、自分が興味を持ったり、印象に残った部分を取捨して記録しているのです。これは入ってきた情報を自分なりに整理するプロセスともいえます。

同じように、朝起きて歯を磨いて朝ごはんを食べて……といった行動をすべて記録する必要はありません。そもそも忘れてしまうようなことは、それほど大事なことではないでしょう。慌ただしい日々の中で、ちょっと気になったことや新しく学んだこと、失敗したこと、こうなりたいなと思ったイメージなどを書き留めていきます。「1行書く」ということが振り返りの最初のステップです（例2－1）。

例2-1　1行書く

1 mon	何気なく見た動物のドキュメンタリーのテレビ番組が面白いと思った。
2 tue	友人のBが環境保全につながるプロジェクトをはじめ、業界紙のインタビューに掲載されていた。
3 wed	セミナーの打合せ、S社Fさんと打合せ、Zさんの来訪。
4 thu	N氏と打合せ、この件考えれば考えるほど必要だと感じた。

・たくさんルールをつくらない

1行日記をはじめるにあたっては、あまりたくさんのルールをつくらないほうがよいでしょう。1日2日書き忘れてしまったとしても、後でまとめて書いてもOKというように、ゆるいルールで構わないと思います。続けることが大事なので、一番自分が続けやすい形を見つけてください。

自分にとってそれはどんな意味を持つのか？

さて次に大事なのは「振り返り」です。

1行日記に「やったこと」を書いたら、今度はそれを読み返してみます。

「振り返り」の時に大事なのは、

「自分にとってそれはどんな意味がある？」（So What？）

という問いです。

たとえば、例2－2を見てください。今まで見ることがなかった動物のドキュメンタリー番組をなぜか面白いと思ったら「どうしてこれを自分は面白いと思ったんだろう？」、友人の話を聞いてうらやましいと思ったら「なぜ、うらやましいと思ったんだろう？　友人のその話は、自分にとってどんな意味があるんだろう？」と思考を巡らせます。

「自分にとって」という問いは、大事な問いです。

例2–2 「やったこと」を振り返る

1 mon

[やったこと] 何気なく見た動物のドキュメンタリーのテレビ番組がすごく面白いと思った。

[自分にとっての意味] (自分にとってこの出来事はどんな意味がある? なんで面白いと思った?)

普通は生きられないような海底でも、生活できるように進化した生物を見て、生命の可能性を感じた。

[そうか!] 自分は生物の進化に関心がある。

[やってみよう] 書籍も読んで知識を広げたい。

2 tue

[やったこと] 友人のBが環境保全につながるプロジェクトをはじめ、業界紙のインタビューに掲載されていた。

[自分にとっての意味] (自分にとってこの出来事はどんな意味がある? どう思った?)

自分も彼のように活躍したいと思った。

[そうか!] 自分もBみたいに、社会に影響を与えたいのかもしれない!

[やってみよう] アポイントをとってBに話を聞いてみよう!

※[自分にとっての意味] 以下は、頭の中で考えても、どこかに書いても構いません

ただ目の前を過ぎ去っていく様々な事象も、すべて自分事として考えることができれば、そこから多くのことを学べます。

誰かの話を聞いたという経験だけでも、

「そうか、自分は○○の領域に興味があるのだな」

「うらやましいと思ったけれど、自分も○○さんみたいに、もっと社会に影響を与えたいのだな」

という答えが浮かんできます。これが「気づき」です。

ここまでくれば、しめたものです。

「そうか、これが面白そうだから、この分野の本を今度読んでみよう」

「○○さんみたいになりたいから、アポイントをとって詳しく話を聞いてみよう」

自分がやりたいこと・やるべきことがわかって、とるべきアクションを考えられるようになります。

このプロセスを図解すると、図2－1のようになります。

その日に起こった出来事や感じたことを言葉にして記録する。それを見て、「自分にとっての意味」を考える。そして「そうか！」と気づく。この一連のプロセス

図 2–1 「1行日記」のプロセス

が僕の振り返り方法です。

なお、本書の例には、わかりやすいように「自分にとってどんな意味がある」などの項目も書きましたが、実際の日記の部分について、僕自身の習慣としては「やったこと」のみ書くようにしています。そしてそれを眺めながら、ぼんやりと「自分にとっての意味」を考え「そうか！」と気づいてアクションを考えるプロセスは、頭の中で回しているのです。

これは、言葉にしてしまうと思考が固定化されてしまうためです。時間をおいて振り返ってみた時に、同じ行動でもまた違った意味合いが生まれることもあります。そこで「やったこと」つまり事実の部分だけを再現できるように言語化して、それ以外のプロセスは、なるべく自由な状態にしておきたいからです。

ただ、最初は簡単で構いませんので、この4つを意識して書いてみたほうがいいと思います。やがて慣れてきたら、「自分にとっての意味」以降のプロセスは書かずに頭の中で回してみてもいいと思いますし、書くことが苦にならなければ、4つの項目を毎日書いてもよいでしょう。自分に合った方法で続けるのが一番です。

こうして書くという作業を通して、自分に起こった出来事を客観視することができます。

そして、自分にとっての意味を問うことで、その出来事を自分軸で解釈するのです。

繰り返しますが、この**「自分に引き寄せて考える」**プロセスが重要です。

「この出来事は、自分にとってこういうことなんだな」という解釈が自分の中でできると、「なるほど！」という腹落ちがあります。それは誰に言われたものでもなく、自分だけの気づきになります。この一連の振り返りによって、自分にとっての教訓ができるのです。

「1行日記」の書き方

それでは「1行日記」の具体的な書き方と振り返りの方法をご説明していきましょう。

この例は、1行日記を試しに書いてくれたAさんが社内勉強会に参加した時の日記です。正直にいうと、Aさんは最初、そこまで勉強会に乗り気ではありませんでした。けれども勉強会が終わった後、思いのほか気分がよく「参加してよかったな」と思っていたそうです。

その晩に書いた1行日記は、例2－3のような感じです。

今回も「振り返り」部分も含め文章にしています。

一つひとつ説明していきましょう。

・やったこと

例2-3　Aさんの1行日記

1 mon	[やったこと]	勉強会があって、いやいや参加したが、意外とよかった。
	[自分にとっての意味]	(なんでいいと思ったんだろう? なんで以前は前向きじゃなかったんだろう? 自分にとってどんな意味があったのだろう?) 同じ場で様々な人がそれぞれの意見を言うこと自体に意味があると気づいた。
	[そうか!]	自分にとって他人の話を聞くことが大事だ。
	[やってみよう]	今度、別の、もっと自分やみんなが関心を持ちそうな他の勉強会も主催したい。

「やったこと」には、シンプルに起こった出来事、自分の心の動きを書きます。

書く内容はどんなことでも構いません。仕事で何をしたか、誰と会ったかということはもちろん、移動中の電車で見た中吊り広告のキャッチコピーでも、朝ごはんを食べながら家族と交わした会話でも、読んだ本やマンガ、他人のフェイスブックの投稿内容でもいいのです。どんなことからも気づきはあります。

ポイントは、**その時の情景**

や自分の感情が思い出せるようなキーワードを入れておくことです。

「やったこと」というのは、振り返って気づきを得るためのいわば「ネタ」です。ですから、見返した時にパッとその情景が浮かぶように記録することを心がけています。1週間、1か月経って見返した時に、「そうそう、あの時こんなことあったな」と、記憶が蘇るように書いておくことが大事です。

また、**できるだけポジティブな表現で書く**ことも大事です。あまり攻撃的な表現で書いてしまうと、後になってから読み返すのがつらくなりますし、ネガティブな感情に引きずられてしまうからです。もちろん毎日の仕事や生活で腹の立つこともありますが、「だから自分はこうならないように頑張ろう」「変えていきたい」など、ポジティブなトーンで書くようにしています。

スマホのアプリを利用する人は、**写真を撮って載せる**のもおすすめです。社内勉強会の会場や周囲の風景、参加者名簿、教材などを撮影して記録しておくと、後から見た時、その勉強会で考えていたことを思い出しやすくなります（次ページ写真）。

写真を載せると思い出しやすい

・自分にとっての意味は何か（So What?）

自分にとってどういう意味があるのかという視点です。「意外とよかった」と感じたのであれば、その事実に対して「つまり、どういうことなんだろう？」と自分に問いかけるのです。すると、「自分は他人の話を聞くことが大事だ」という「気づき（そうか！）」に近づきます。

いろいろな体験をしても、自分の糧になるかどうかは、自分に引き寄せて、学びに変換できるかどうかにかかっています。振り返りの中の大切なプロセスです。

例2－3では「いやいや参加した勉強会」が、なぜよいと感じたんだろうという自分の気持ちを振り返って深掘りしています。こういう些細な気持ちが、自分が本当に望んでいることや、自分の課題につながるヒントになることもあるのです。

ＫＰＴというフレームワークがあります。Ｋｅｅｐ（続けるべきこと）・Ｐｒｏｂｌｅｍ（改善すべき問題）・Ｔｒｙ（新しく挑戦したいこと）の頭文字を取って名づけられたもので、プロジェクトなどの振り返りに使われます。

Ｙａｈｏｏ！アカデミアなどでも、このＫＰＴのフレームワークを振り返りに使うことがあります。１行日記の「やったこと」「やってみよう」は、一見これと近いように見えますが、大きな違いは「自分にとっての意味」があるかどうかです。つまり、起こったことを取捨選択するだけではなく、抽象化して「そもそも自分にとってどういうことか」と意味を抽出することが大切です。

会社で取り組むプロジェクトの振り返りなどには、ＫＰＴはとても有効な方法です。ただ自分が体験したことを自分の人生に照らして血肉化するためには「自分にとっての意味」を考えて「そうか！」と気づくプロセスが非常に重要だということです。

予防医学研究者の石川善樹さんが「そもそも、○○とは何か」という問いを立て続けることが大事だと言っていますが、同様に、世の中の常識や前例にとらわれず、そもそも自分にとってどういう意味があるのかという視点で、俯瞰した振り返りをすることが重要だと考えています。

・そうか！（Ａｈａ！）

「自分にとっての意味」を考えて気づいたことを書きます。

自分事にして問えば、なんらかの答えが出ます。

急には出てこないこともありますが、その時は日をおいて見直してみると、「あの時のあの出来事は、これだった！」のように、後から気づくこともあります。

実際に僕も、そうやって何回も何回も行ったり来たりしている中で、これはこういうことだったのかとつながっていきます。

たとえば、講演で僕が様々な方にお話しすると、いつも、「わかりやすい、わかりやすい」と言っていただけるのですね。

それで、「自分の話が、他の人よりわかりやすいところがあるとしたら何なんだろう？」と考えていたのですが、最近、「ああ、自分は理解力がなくて、そんな自分が理解できるように常に熟考していたから、結局わかりやすくなったんだな！」と気づきました。何回も何回も同じ問いをしていたからこその気づきでした。

・やってみよう（Ａｃｔｉｏｎ）

気づきを踏まえて、とるべき行動を見つけたら書きます。ただし、必須ではありません。

日記を見直して自分の軸を太くする

「そうか！」や「やってみよう」は、必ずしもその日に思いつく必要はありません。

その日のうちにアクションまでたどり着くこともあれば、数週間後、数か月後になってから気づきが降りてくることもあります。別の日に起こった出来事とつなげて考えることで、日々の「プチ気づき」がいくつか集まって、後からの気づきとして「中気づき」になることもあります。

「今日、自分はこんなことを思った」「この時も自分はこんなことを考えている」「この日も自分はこんなことを感じていた！」といった日々のプチ気づきの中に、何か共通することが見つかると、「そうか、自分はこんなことを大事にしていたんだな」「こんな価値観があるんだな」と自然に見えてくるようになります。

こうして何度も見返していくことで、自分の課題や軸、ミッションが太くなっていくように感じています。

1行日記は、その日の振り返りをして終わりではありません。僕は、時間がある時には必ず1行日記を取り出して、何回も読み返しています。前日のものを見返すのはもちろん、1週間、1か月、3か月経ってからも、ことあるごとに読み返して「これはどういうことだろう」と考えています。

後から見返す中で、思い出したら書き足していっても構いません。その日の行動から思い出したり、ほかに気づいたことがあったら、そこに書き足します。何回も見直しながら、何回も書き足すことが大事です（例2－4）。

例2-4 思い出したら書き足す

[やったこと]

社内勉強会があって、
いやいや参加したが、意外とよかった。

[自分にとっての意味]

(なんでいいと思ったんだろう?
なんで以前は前向きじゃなかったんだろう?
自分にとってどんな意味があったのだろう?)

1 mon

同じ場で様々な人がそれぞれの意見を言うこと自体に
意味があると気づいた。

↓

[後からの気づき] そういえばうまく発言できていない人もいた。
そういう人のサポートをするためには
どうしたらいいんだろう?

3つの振り返りで気づきを太くする

「1行日記」を続けていくと、毎日のいろいろな出来事が言語化されて蓄積されていきます。

たとえば、ある日は「仕事の打ち上げで同僚の笑顔がとてもよかった」、また別の日には「浮かない表情だったな、あまり乗り気じゃないのかな」といった出来事を書くかもしれません。

その一つひとつは個別の事象です。それぞれの出来事に対して「よかったな」「嬉しい」「なぜだろう」という気づきが生まれていきます。

そうした個別の事象がたくさん貯まっていくと、一つひとつの出来事をつなげて振り返りができるようになっていきます。たとえば「打ち上げではとても嬉しそうだった同僚が、別の日には浮かない表情をしていた。その背後にあるものは何だろう」というようにです。

こうしたより深い気づきを得るための「振り返り」として、僕は3種類の振り返りをしています。

・小振り返り：その日に起こった出来事を振り返る。毎日行ないます。
・中振り返り：小振り返りをつなげて、共通点を発見したり、より抽象的でいろいろな出来事に応用できる気づきを得ます。目安としては、1週間に1度行ないます。
・大振り返り：中振り返りを重ねて、行動するというサイクルを重ねていく中で、そもそも「自分は自分の目指す方向に向かってちゃんと歩けているだろうか」ということを振り返ります。目安としては、半年から1年に1度行ないます。

このうち今までご紹介した毎日の振り返りが「小振り返り」です。毎日の出来事に

図 2-2 「プチ気づき」「中気づき」「大気づき」

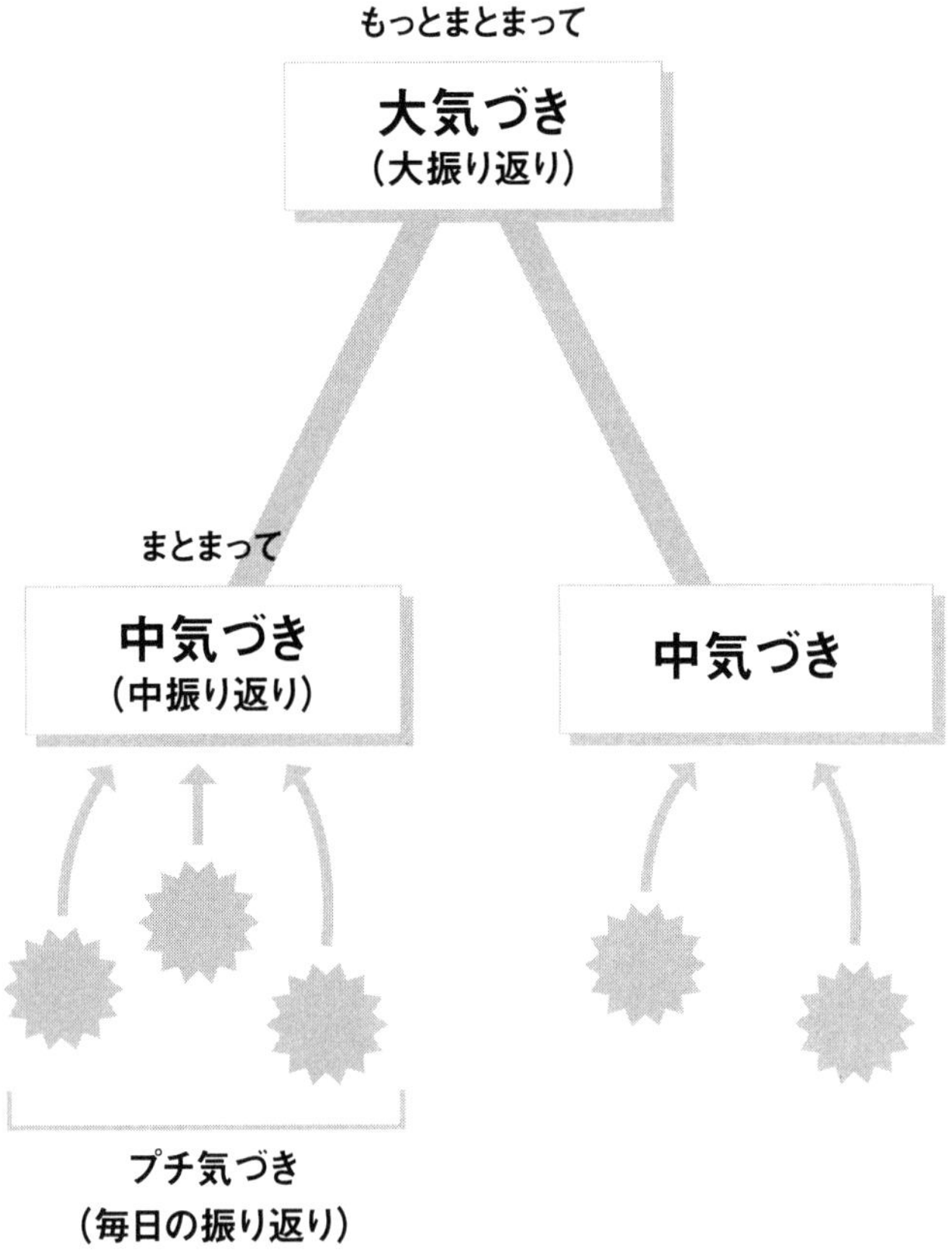

タグをつけていくイメージです。ここでの気づきを「プチ気づき」と呼んでいます。

次の「中振り返り」は、1週間単位など少し長めの期間をとっての振り返りです。毎日、1行日記で振り返りながら、一つひとつの事象に対する学びや反省で終わらせず、より多面的な気づきを得るのが中振り返りです。そして大振り返りでは、自分の軌道がずれていないかどうか、チェックしています。いわば目標となる〝北極星〟に向かってきちんと歩けているかどうか、確認するプロセスです。

具体的に説明すると、毎日「やったこと」「そうか！」「やってみよう」の振り返りを行ないますが、たとえば1週間経ってから、その1週間の1行日記を振り返ってみます。すると、「Bさんの意見は最初違うと感じたけれど、実はこんな思いがあったのだな」「普段あまり会わない人や、意見が違うように見える人と話すことで、面白いアイデアが生まれるな」など、その日に気づかなかったことが見えてきます。

そして、毎日のプチ気づきを見直していくことで、とにかくいろいろな人と話をすることが大事なんだという中気づきを得ることができます（例2－5）。

例2–5 「プチ気づき」から「中気づき」へ

10 October

15 mon

[やったこと] 「今自分が会社に貢献できることを考えよう」といったまったく前向きでない社内勉強会があって、いやいや参加したが、意外とよかった。

[プチ気づき] 他の人の話を聞くのが思った以上に勉強になった。

16 tue

[やったこと] 残業して帰ろうと思ったら、隣の部署のAさんと一緒になって、仕事量についての話をした。

[プチ気づき] 当然だけど大変なのは自分だけじゃなかった。

17 wed

[やったこと] 会議で自分とそりが合わないBさんの意見に同意できた。

[プチ気づき] 自分は、Bさんと同様、チーム一人ひとりの考えを大事にしたいのだと気づいた。

[中気づき] 人と話すことが大事だと思った。

[やってみよう] 積極的に人に会おう。

ここでやっていることを端的にまとめれば「**グルーピング**」です。

個々の気づきをグルーピングして、より大きな気づきにまとめます。

なぜ、そんなことをするのかというと、たったひとつの事象から生まれた気づきだと弱いからです。毎日の気づきは「個別解」です。たまたまその時、そうした気づきが生まれたのかもしれない。でも、いくつかの似たような事象から同じような「気づき」が生まれたのであれば、より汎用性のある気づきであるはずです。

こうしてグルーピングすることで、新たに生まれた気づきを「パック」と呼んでいます。いくつかの気づきがパッケージ化されたイメージです。

すべてのプチ気づきを大気づきにつなげる必要はありません。しかし、1行日記を続けて、プチ気づきを増やしていくことで、こうした連鎖がどんどん増えていきます。いわば「1粒で2度、3度おいしい」のです。

中振り返りがうまくいかない時は

この中気づきを得るプロセスがうまくいかないという人は、拙著『1分で話せ』（SBクリエイティブ）でもご紹介しているピラミッドストラクチャーを使ってみてください。「やったこと」から「そうか！」を引き出す思考プロセスとして活用してみるのです。

『1分で話せ』では、伝えるためのメッセージをつくるツールとしてピラミッドストラクチャーを使っていますが、自分との対話を深める時にも、このフレームワークは利用できます。根拠・事実から結論を導き出す代わりに、毎日の出来事から気づきを引き出すのです。

ピラミッドストラクチャーというのは、もともとロジカルシンキングで使う事象の構造化のための手法です。これを自分の人生にも当てはめてみようというのが「1行日記」の根幹にあります。

ただ僕自身は、振り返りをする時、いつも次ページ図2－3のようなピラミッドストラクチャーを意識しているわけではありません。アプリを立ち上げて、1行日記をボーッと見ています。“Don't think, feel”。つまり、「何かを考えること」よりも、「感じること」を重視しています。何度も見返すうちに、時間が経って気づくこともあれば、最初の気づきが変わっていくこともあります。それも新たな発見だと感じています。

気づきは、時間が経つと変わるものです。ワインが熟成されるような感じですね。「プチ気づき」で、アクションに結びつけるだけですと、それで終わってしまってもったいないのです。だから、時間をおいてあらためて出てくる「中気づき」「大気づき」が大事なのです。

また、当初気づきを得たものが、時間が経つと変わるものがあります。たとえば新型コロナウイルスに対する人類の向き合い方などは、そもそも、発生する事象や自身の経験も変わりますから、気づきの意味合いも変わります。また、人に対する印象も、自分のコンディションが変われば、変わります。ですから、自分の気づきに頑なになるのではなく、「変わることがあるんだな」と捉えておき、自分の心の

図2-3 ピラミッドで中気づきを考える

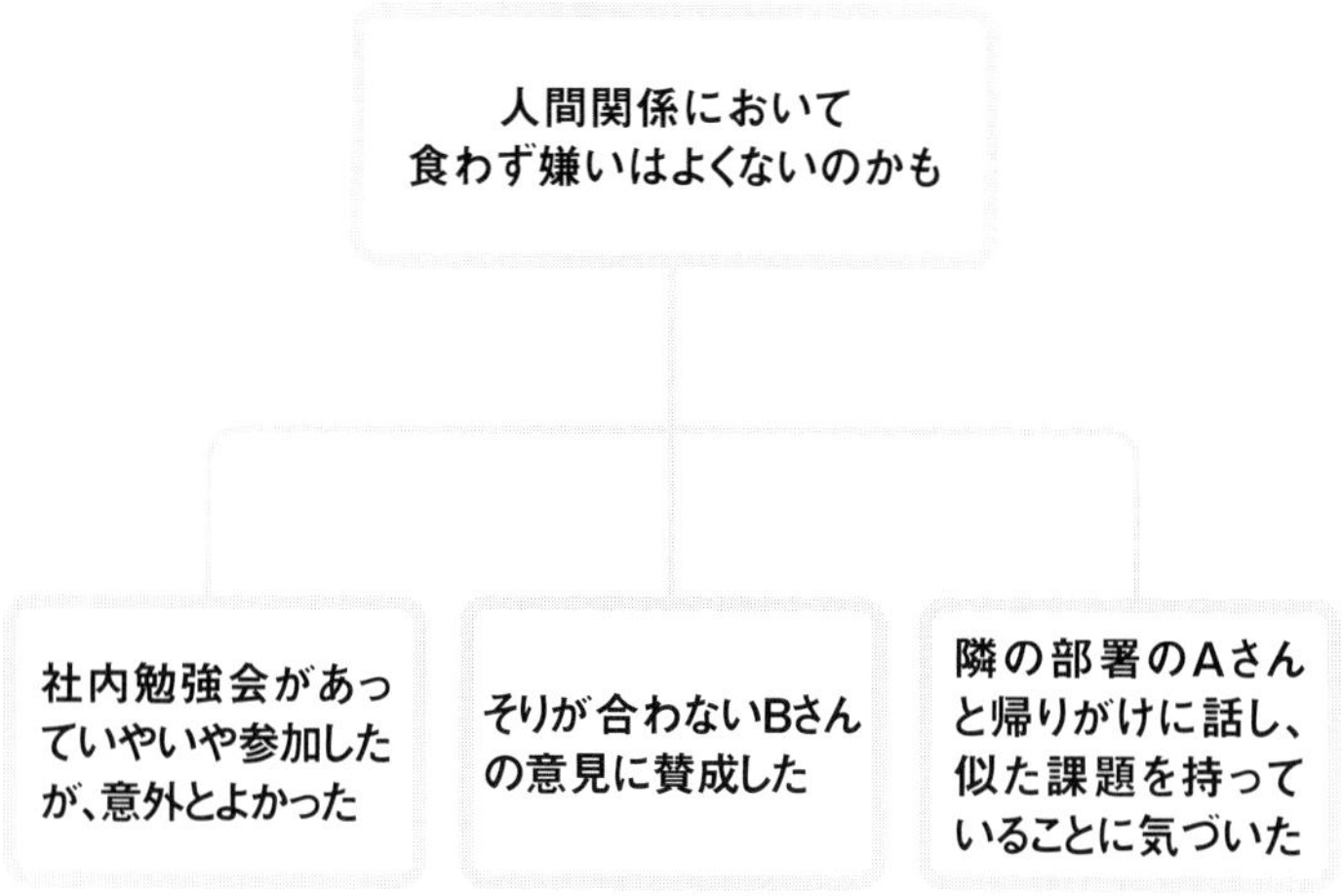
人間関係において
食わず嫌いはよくないのかも
社内勉強会があっていやいや参加したが、意外とよかった
そりが合わないBさんの意見に賛成した
隣の部署のAさんと帰りがけに話し、似た課題を持っていることに気づいた

声に素直になることが大事だと考えます。

1行日記は、どのくらいの頻度で見返すのかというルールは特に決めていません。そうすると仕事のようになってしまうからです。ただ、毎日記録を続けていくと、自然と読み返したくなります。ポジティブに書くことを心がけているだけあって、読み返すことでどんどんポジティブな気持ちになれるからです。

1行日記を続けることで、自分のことを好きになって、自分はなんでこんなふうに行動したんだっけ、どんなふうに感じたんだっけということをひたすら何回も繰り返すことで、好循環が生まれていきます。

僕は毎晩、1行日記を書いて、その後、散歩して風呂に入り、瞑想をして寝るのが習慣です。

これは、1日の終わりに向かうにあたり、そういう順番で頭と心と体をメンテナンスしている、ということです。まず、1行日記を書くことで、素直に感じることを、言語情報としてその日記に落とし込みます。これを頭が働いているうちにやり、そして散歩に出て、今日頭の中にできた思考の枠組みを崩していきます。

その後、風呂に入り身体を整えて、最後は、瞑想して無になる。そうやって、今日1日インプットした言語やロジックを頭から消し、体を整えて寝るようにすると、頭、心、身体が整います。アスリートが身体のメンテナンスに時間をかけるのと同様です。

この振り返りを毎日繰り返すことで、それまで見過ごしていた毎日の出来事が自分を成長させる材料になっていきます。加えて、自分にとって何が大切なのかという軸が明確になってくるという効用もあります。何度も振り返りを重ねる中で、自分が大事にしている価値観はこういうことだったのかと気づく瞬間があります。

自分の人生を構成するたくさんの体験を言葉にしながら、自分の人生をどうしたいか自問自答すること自体に大きな意味があると考えています。

振り返りで「ドット」をつなげる

ここまでお話ししたように、毎日の一つひとつの記録は細かな日々の行動や体験に過ぎません。

それを毎日、言語化して、行動するプロセスを繰り返すことによって、一見とるに足らないような体験が自分を成長させる材料に変わる瞬間がやってきます。何気ない日常の1コマが、自分にとって意味を持つ生きた体験に変換されるのです。

スティーブ・ジョブズがスピーチの中で「Connecting The Dots（点と点をつなぐ）」と語ったことは有名です。大学を中退してブラブラしていた時、たまたまカリグラフィの勉強をしたことがマッキントッシュ（アップル社のパソコン）のフォントデザインに役に立った。一つひとつの経験を積み重ねていくと、それはやがてつながっていくというものです。

1行日記を読み返す行為は、いわば点を積み重ねて、意識的に「つなげる」ための方法でもあります。

何か大きな目標があって、それに対して点を積み重ねるというよりも、日常の中の細かな出来事から気づきを得ることを重視しています。目標から逆算して必要な点を集めるのではなく、たくさんの点を集めていくうちに、自然と目標が定まってくるという考え方です。

そもそも自分という人間は、日々の経験、つまり点の積み重ねでできています。極端な話、スティーブ・ジョブズとまったく同じ体験を重ねて、まったく同じ気づきを得て同じ行動に移せたら、スティーブ・ジョブズになれるはずです。

もちろん現実的には、そうはならないのですが、自分のまわりにある無数の点をなるべく有効に活用して、自分の養分にすることは誰にでもできます。

ですから、その時に感じたこと、行動したことを、見返した時に思い出せるように記録することが大事なのです。それができれば、自分にとってすごく大事なドット（点）になっていきます。

図2-4 「日々の振り返り」と「長期の振り返り」

【日々の振り返り】
【長期の振り返り】
知人が
業界紙に！
上司はわかって
くれない
▼気づき
▼気づき
自分も
社会に
認め
られたい
あの時
言って
たのは！
2つの気づきでより早く
「なりたい自分」に近づく

映画や本も振り返りの材料に

振り返りをすることで、身のまわりのあらゆるものが自分を成長させる材料になります。

例として、僕が最近観た映画や書籍についての日記を紹介しましょう（例2－6）。

先日「なぜ君は総理大臣になれないのか」という映画を観ました。衆議院議員の小川淳也さんを追ったドキュメンタリー映画です。

とても興味深い映画で、「ああ、面白かったなあ」で終わることももちろんできるのですが、この映画を観たことを1行日記に書いて振り返ることで、学びを重層的にすることができます。

この映画で小川淳也さんは、真面目で熱血漢で、高い志を持った政治家として描

例 2-6 「なぜ君は総理大臣になれないのか」についての日記

1 mon

[やったこと] 「なぜ君は総理大臣になれないのか」という衆議院議員の小川淳也さんを追ったドキュメンタリー映画を見た。

[自分にとってどんな意味がある?] (自分にとってどんな意味があったのだろう?)
高い志のあるリーダーだけど真面目さゆえに翻弄されることもある。自分はリーダーとしてどうだろうか?

[そうか!] やっぱりお茶目さもないとだめだ。

[やってみよう] 次の講演では「お茶目」モード全開で話そう。

2 tue

[やったこと] 講演会でお茶目モード全開で話したら盛り上がった。

[自分にとってどんな意味がある?] (自分にとってどんな意味があったのだろう?)
聴衆をつかむ話し方に関して挑戦をしたい。

[そうか!] やっぱりお茶目さもないとだめだ。

[やってみよう] 次もお茶目さを活かそう。

かれています。一方で、真面目さゆえに党内政治に翻弄されてしまったり、国政で存在感を示すには「やや、影が薄い」政治家として描かれてもいます（そういう描き方をされている印象がある、ということです）。

そこで自分に引き寄せて考えてみると、リーダーに高い志が必要なのはもちろんですが、それだけではだめなのかもしれない、という気づきを得られました。「やっぱりお茶目さもないとだめだな」と思って、翌日に登壇した企業セミナーでは、ためしにお茶目さを全開モードにしようと意識して話したところ、とても盛り上がりました。「やっぱり同じメッセージを発信しても、お茶目さがあるほうが言葉が届きやすいんだな」という教訓が、行動を通じて強化されます。

僕は小川淳也さんと実際にお目にかかったことはありませんが、映画を観て「自分にとってどんな意味があるんだろう?」と引き寄せて振り返るプロセスを通じて、小川さんを手本にして学ぶことができます。

こうしたことを年がら年中考えて実行していると、否応《いやおう》なく成長スピードは加速していきます。

もうひとつ、読書での例も紹介しましょう。

ビジネス書を読む時も、マンガを読む時も、僕は「自分にとってどんな意味があるんだろう？」いう視点で常に読んでいます。

昔は「この本を読んで勉強するぞ」と思って、線を引きながら読むこともありましたが、結局「自分にとってどんな意味がある？」の振り返りをしないと、読んだところで身につかないのです。

最近、孫正義さんの経営者としての軌跡を追った、『孫正義　事業家の精神』（井上篤夫著、日経ＢＰ）という本を読みました。単純に孫さんの生き方を知識としてインプットするのもいいと思うのですが、私は「なぜ孫さんはこの判断をしたのだろう」「この意思決定のためには何が必要なのだろう」というように、自分に引き寄せて読むことで、たくさんの学びを得ました。本を読むことで、どんなアウトプットにつなげるのかという意識を持って読むほうが身につきやすいのです。

本を読み終わったら、「孫さんはこんなふうに世界と関わりたいんだな」という感想を1行日記に書く。そして日記を読み返しながら、では自分はどんなふうに世界と関わりたいのかという思考を深めていきます。

例 2–7 『孫正義　事業家の精神』を読んでの日記

1 mon

[やったこと] 孫正義さんの『孫正義　事業家の精神』を読み、孫さんが志した世界との関わりに感動した。

[自分にとってどんな意味がある?] (自分にとってどんな意味があったのだろう?)
なぜ孫さんはこう思ったのだろう。自分ならどんな世界の関わりを志すだろうか。

[そうか!] ちょっとレベル感が違うかも。でも、そもそもレベル感の大小って関係あるのか?

[やってみよう] すぐに出てこないので、考え続けよう。

こうすることで、孫さんという偉大な経営者と本を通じて対話して学ぶことができます。現役の経営者でなくとも、会ったことがない人でも構いません。歴史上の人物であっても「自分ならどうするだろう」と考えることで、時空を超えて著者と対話し、その人を題材に学ぶことができます。そのサイクルを高速で回し続けることが成長のエンジンになります。

第3章

1行日記で毎日を変える

——仕事・学び・生活習慣

習慣こそが自分を変える手段になる

「1行日記」を習慣づけるのはもちろんですが、そこで得た気づきから、具体的な行動をルーティンに落とし込んでいくのも有効です。

たとえば1日の行動を振り返って、「この打合せは準備不足だったな」と思ったとしたら、次からは、1週間前には準備に着手する、打合せが決まった時点で必要なリサーチだけは先に済ませておく、当日は30分前には到着するようにして資料を見直すなど、改善に向けた行動が考えられます。

僕は講演や研修の前には、可能な限り30分前には会場の近くに到着するようにしています。

資料の準備などは前日までに済ませていますが、資料や段取りの確認、どんな展開で話そうかというシミュレーションをこの30分で集中して行ないます。これまでの振り返りで、そういうルーティンの行動に落とし込んでいるのです。

打合せや商談の時も同じです。

どんな会話になるだろうと考えながら、時間をとっていただく相手のことをネットや書籍などで調べます。せっかく時間をもらうのに、相手のことを調べずにいくのは失礼ということもありますが、そもそももったいない話です。「あなたのことを知らないので教えてください」と言うよりも、「この話を本で読んで面白いと思ったのですが、もっと聞かせてください」と言ったほうが、きっとたくさんのお話を聞かせてくれると思います。そのなかで、自分がどんな話をするとよい時間になるのだろうということも考えます。

その日の終わりには、うまくいったかどうかということも含めて、振り返りの材料にします。プランを持って臨むことで、より振り返りしやすくなります。自分の意図や期待がはっきりするからです。

どうして打合せひとつにここまで準備するかというと、もともと自分がコミュニケーションが得意ではなかったからです。

初対面の人と会って、盛り上がらずにシーンとなってしまったらどうしよう、何を話していいかわからなくなって、トンチンカンなことを言ってしまったらどうしようという思いが常にありました。

生まれつきコミュニケーション力が高くて、どんどん場を盛り上げられる人だったら、こんな準備はしなくてもいいのかもしれません。ただ僕は、そういうことが苦手な自分を直視して振り返った結果、それではいやだと思ったので、変われるように努力しました。なるべくシーンとならず、お互いにとって良い時間を過ごすにはどうしたらいいか考えて、事前に準備することを自分のルーティンにしていったのです。

この繰り返しが、力を生む。それだけなんです。

習慣こそが「いつでも自分を変えられる手段」

1行日記というのは、走りながらフォームを直していくツールであるともいえます。もし「速く走れるようになりたい」と思ったら、まず最初に何をするでしょうか。走り方の本を読んでみるかもしれませんし、性能のよいランニングシューズを買いに行くかもしれません。

でも一番大事なのは、まず走ってみることです。

50メートルでも100メートルでもいいので、まずは走ってみなければ、自分がどのくらいのタイムで走れるのか、フォームはどうなのかということもわかりません。最初から速く走れる必要はありません。重要なのは、振り返りの材料があるかどうかです。もしかしたら悲惨なタイムを直視して、何日か立ち直れなくなるかもしれません。でもタイムの数字さえあれば、どんなにひどいものでも、振り返りがしやすくなります。ノートやアプリを開いて「100メートル走った。タイム18秒」と書き込みましょう。その現状に向き合うことがスタート地点です。

何か新しいことをはじめようとしたり、自分を変えたいと思う時、多くの人は、インプットから入ろうとします。僕もそうでした。最初は、インプットからでよいと思いますが、少しでも回りはじめたら、アウトプット（行動）からインプットの流れを意識しましょう。

インプット↓アウトプットよりも、アウトプット↓振り返り↓インプットという順番のほうが、圧倒的に成長スピードが速い。これが僕の実感です。

つまり「速く走れるようになりたい」としたら、走り方の本を十冊読んでから走るよりも、まず走ってみて、それを振り返って「もっと楽な呼吸方法はないだろうか」「どんなふうに手を振るのがいいんだろう」と考え、必要な知識をインプットしていくほうが、効率がよいのです。

まず行動するのが大事だというのは、拙著『0秒で動け』（SBクリエイティブ）でもご説明している通りです。走り方ならマニュアルがありますが、ビジネスでは正解がありません。「こっちを選べばリスクがゼロ」という状況がそもそもないのです。

そうした状況では「もう少し準備してから」などといって先延ばしにしている

と、貴重な時間がどんどんなくなってしまい、結局「100通りの完璧なシミュレーションをしましたが、何もできませんでした」となりかねません。

そうならないためには、まず素早く「こうしたらいいのではないか」という仮説をつくって行動する。トライアンドエラーを繰り返しながら、仮説を見直していく。スピード感を持って、そのプロセスを回していくことで、自分の仮説を正解にしていく必要があります。

人間の成長に近道はありません。多少、効率のよいコースはあるかもしれませんが、まず行動することに勝るものはありません。方法論ばかりを研究して、日々の体験から学ぶことをおろそかにしてしまっては本末転倒で、貴重な時間が失われていくばかりです。

「行動→振り返り→気づき」を得て、またすぐ行動するというサイクルを、自分の習慣にできるかどうか、愚直に回し続けられるかどうかが人生を左右します。

ここでは、1行日記を使って、仕事を改善していく方法を紹介しましょう。

「1行日記」で仕事・生活・趣味を改善する

方法といっても、そんなに難しいことはなく、第1章でご説明したように、「1行日記」を書けばいいだけです。

仕事の改善の場合、気づきだけではなく、「これからどうするか」について、具体的な策が出ると、なおよいと思います。

例を挙げながら、説明しましょう。

例3－1、例3－2は仕事や生活の中でのミスをもとにした日記です。

例3－1では、思っていた担当者に会えなかった、上司との認識が違っていた、休館日を間違っていたといったミスが書かれています。

こうした思い違いはよくあることだと思います。クライアントを怒らせるほどの

例3-1 日記で仕事のミスを改善する

8 August

1 mon	[やったこと]	A社に訪問して新製品を紹介したかったが、担当者が代わっていて会えなかった。
	[自分にとっての意味]	準備不足。
	[そうか!]	前の担当者が出てくるはずという勝手な前提を置いていたのではないか?
	[やってみよう]	前もってアポイントをとって行くべきだった。
2 tue	[やったこと]	上司から頼まれた資料をつくったつもりが、違っていた。
	[自分にとっての意味]	理解が間違っていた。
	[そうか!]	自分の思い込みだったのかも?
	[やってみよう]	頼まれたら確認することが必要。
3 wed	[やったこと]	スポーツジムに行ったら休みだった。
	[自分にとっての意味]	来週は休館日と言っていたかも???
	[そうか!]	大事なことを聞き逃しやすい。
	[やってみよう]	日程は確認すること。

↓

[中気づき] 自分は思い込みが強い。
根拠のない前提を持たず、何があっても
大丈夫なように準備をすることが必要。

例 3-2 日記で生活のミスを改善する

8 August

1 mon

[やったこと] 買い物をしようとしたらお財布がないことに気づいた!

[自分にとっての意味] よくあることだけれど、毎回困る。

[そうか!] カバンを変えたときは必ず忘れているように思う。

[やってみよう] お財布置き場をつくって、そのつどカバンに入れる方法にしてみよう。

2 tue

[やったこと] 携帯を忘れて途中で困った。

[自分にとっての意味] 充電しているのを忘れていてそのままにしていた。

[そうか!] 慌てて出るのが原因かも。

[やってみよう] 出る前に再度見直したほうがいい。

↓

[中気づき] 出るときに見直さないのが問題なら、
リビングから出るドアのところに、
財布置き場と携帯の充電を
置いておけばいい!

ミスではないかもしれませんが、同じ失敗を繰り返していては、なかなか成果を上げることができません。

そこで日記で、毎日の振り返りをすることで、「今度からは、前もってアポイントをとってから訪問しよう」などと気づくことができました。さらにその後、振り返りを深めていくことによって、「自分はこういうミスが多いな……。もしかしたら、根拠のない勝手な前提で物事を進めてしまう癖があるのかもしれないな」といった深い気づきを得ることができました。

こうした自分自身に関する気づきが生まれれば、それをもとに事前に気をつけなければならないことも考えつくでしょう。

例3－2では、自分の忘れ物の日記を振り返り、改善策を考えつきました。

「具体」と「抽象」の気づきでパックをつくる

何かを改善するための気づきは、例3－1のように「前もってアポイントをとる」といった具体的な改善策と、「勝手な前提を持たない」という抽象度の高い内容の両方が結びつくと使いやすいと思います。第2章で紹介した「中振り返り」でグルーピングする時に、意識できるとよいでしょう。

たとえば、僕は2020年の春、志村けんさんが新型コロナウイルスに感染して亡くなったニュースを見て、非常にショックを受けました。子どもの頃から、ずっとテレビで見ていましたし、なんだか志村けんさんは死ということとは無縁の存在のようにさえ感じていたからです。

そのニュースを見て、「人は必ず死ぬ」、志村けんさんのような大スターであっても、当然ながら例外ではないことに気づきます。

その時、ある書籍を読んだ記憶が思い出されます。そういえば、「死を覚悟するような大病を患った人は、その後頑張って何かを成し遂げる人が多いな」という気づきが生まれます。

そして今の自分に気づきます。

「以前、自分が死ぬんじゃないかと思った時も、1分1秒が惜しかった。でも今日は結構サボってしまったな。体が健康なので、心配がなくなったからかな」と思い、「死は年中意識しないと忘れゆくものなのかもしれない。毎日『自分は死ぬ』と思っていたら生きていけないから、こうした記憶は低減されるようにできているのかもしれない」と思いました。

そして次のアクションです。

「『人は必ず死ぬ』と毎日言わないとだめなのだ」

と考えてそれを習慣化しました。

この時は、志村けんさんの訃報をきっかけに、

「誰でも死ぬ」

「死を覚悟した人は物事を成し遂げる力が強い」

「死は意識しないと忘れゆくものなのかもしれない」

という抽象的な気づきを得て、

「毎日、死を意識する」

という具体的な習慣に落とし込むことができ、これが1つの気づきのパック（固

まり）となったのです。

抽象的なパックだけだと「人の命が有限だということはわかったけれども、じゃあ、自分はどうすればいいんだ」というところになかなかつながっていきません。かといって、「会議の時は30分前に到着して準備する」といった具体的なパックだけでも、自分が人生で実現したいことが見えづらくなります。抽象的なパックと具体的なパックの両方があるほうが、次の行動につながりやすいと思います。

1行日記を勉強やスポーツ、ダイエットに役立てる

こうした振り返りは、勉強やスポーツ、ダイエットにも使えます。
事例を挙げますのでご参考いただけましたら幸いです。

例3-3 英語の勉強の日記の例

8 August

1 mon	[やったこと]	英会話のクラスで、最近の時事問題について話した。
	[自分にとっての意味]	経済用語についてわからない言葉が多いことがわかった。
	[そうか!]	知っておくと役には立つのかも。
	[やってみよう]	NewsWeekの見出しを1つだけ毎日読もうかな。
2 tue	[やったこと]	英語のNewsWeekに目を通してみた。
	[自分にとっての意味]	同じニュースでも日本と伝え方が違うと思った。
	[そうか!]	比較を知るのは面白い。
	[やってみよう]	時間があるときは1つの記事を読んでみようかな。

例 3-4　マラソンの日記の例

8 August

日	項目	内容
1 mon	[やったこと]	隣の駅まで5キロ。
	[自分にとっての意味]	ペースが遅いので、出場したい大会も時間内に走れないかも。
	[そうか!]	目標とする大会かフォームを見直したい。
	[やってみよう]	目標を変えることを検討しよう。
2 tue	[やったこと]	知人に教えてもらったコツを試して5キロ走ってみた。
	[自分にとっての意味]	少しフォームを変えただけで走りやすくなった。
	[そうか!]	走り方でこんなに変わるんだ!
	[やってみよう]	走り方に関する本などを読んでもう少し研究してみよう。

例3-5　ダイエットの日記の例

8 August

1 mon

[やったこと] 残業の後、お腹がすいているので、コンビニでついたくさんの食べ物を買い込んで、夜食べてしまった。

[自分にとっての意味] お腹がすいているからと買うのはNGだ!

[そうか!] そういうときに買い物に行くのが駄目なのでは?

[やってみよう] 家に補充しておこう。

2 tue

[やったこと] 残業になりそうだからと先に食事をとったが、やっぱり帰宅前にコンビニによって食べ物を買っている。

[自分にとっての意味] なんでこんなに買う??

[そうか!] 食べたいのではなく、何か買いたいのかも?

[やってみよう] 他に気持ちが満たせるものを見つけたほうがいい?

[後での気づき] ストレスで買い物をしているかもしれないので、帰りにジムによるなど別の習慣をつくってみよう。

本音で書けば、自分の考え方もはっきりする

なお、日記では、自分の本音の気づきを書くことが大事です。

次ページの事例では、同僚の仕事を「すごいと思った」というのが第一の気づきです。しかし、すごいなと感じたことをすべて取り入れる必要はないのです。

同僚のパワーポイントがきれいだな、と客観的に認識しながら、それをきっかけにして、自分がどうしたいか考えます。すると「資料のデザインに時間をかけるよりも、企画の数をもっと増やせるように時間を使うほうが自分の強みを活かせそうだな」という結論になるかもしれません。

普通は「自分も真似しよう」となるかもしれませんが、「自分はそうは思えなかった」というのも大事な気づきです。

こうして振り返りによって迷いを整理して、自分の考え方をはっきりさせていくことができます。

例3-6 日記で自分の考え方を知る

1
mon

[やったこと] 社内の企画会議で
プレゼンテーションを行なった。

[自分にとっての意味] 同僚のプレゼンのパワーポイントがきれいだった。

[そうか!] そもそもきれいなパワーポイントが大事なのか?
伝わればいいのではないか。

[やってみよう] 自分は時間をかけてパワポの資料をつくるより、
企画の量をもっと増やせるように時間を使いたい。

テーマを決めて振り返る

具体的に能力を高めたい分野がある場合は、自分でテーマを設定して振り返ることもおすすめです。

僕は、リーダー開発やコミュニケーションなどが現在の専門領域です。たとえば、オンライン会議で誰かと話している時、目の前にいる相手と話すのと比べて、どうしても伝わりづらいことがあります。そこで、コミュニケーションというテーマで1行日記を振り返ってみます。

すると、同じオンライン会議でも、伝わりやすい時とそうでない時があるなという気づきが生まれます。何日分かの記録を見返しながら、何が違うのだろうと考察を深めていくと、相手がたくさんうなずいてくれた時にはやりやすかったな、といった新しい気づきが生まれます。

なるほど、オンライン会議では、表情や細かいニュアンスが伝わりづらいから、少し意識してたくさんうなずいたり、リアクションをちょっと大げさなくらいにす

例3-7　コミュニケーションをテーマに振り返る

1 mon

［やったこと］
オンライン会議。
相手がシーンとしていて、話すのが怖くなった。

2 tue

［やったこと］
オンラインでの打合せ。
相手が結構リアクションをしてくれる人で
話しやすかった。

3 wed

［やったこと］
オンライン会議。
反応がないとどんどん声が小さくなると思った。

↓

［中気づき］話す人も聞く人も、リアクションが大きいほうが伝わりやすい。

るほうが伝わりやすいのかもしれないなという気づきのパックがそこで生まれます。

他にもコミュニケーションの改善につながる日記の例を、例3－8、3－9に掲載しますので、ご参考ください。

例 3-8　リーダーとしてチームを引っ張る日記の例

8 August

1 mon

[やったこと] リーダーになって初めて部員の前で、最近の練習のこととか来週の練習試合のことについて話す。

[自分にとっての意味] 人前で話すときの苦手意識が抜けなくて、慌ててしまった。

[そうか！] でも、聞いてくれた人もいた。

[やってみよう] まずは聞いてくれている人めがけて話そうかな。

2 tue

[やったこと] 練習中に私語が多かったと注意したら、何人かの部員にそっぽを向かれてしまった。

[自分にとっての意味] 当然のことを言ったのになんで？

[そうか！] 当然のことを言っても聞いてくれない人もいるんだ。

[やってみよう] 言い方を考えたほうがいいんだろうか、顧問の先生にも相談してみよう。

例3-9 職場の人間関係に関する日記の例

8 August

1 mon

[やったこと] 今日も会社の先輩が愚痴ばかり話していて、自分までモチベーションが低くなった。

[自分にとっての意味] こういう関係はやめたい。

[そうか!] 先輩は愚痴を言いあうことで仲良くなれると思っているのかもしれない。

[やってみよう] 先に違う話題を振ってみたらどうか。

2 tue

[やったこと] 今日も先輩の愚痴がやまないので、「忙しいのですみません」と途中で切ったが、特に何も言われなかった。

[自分にとっての意味] 自分の意思を伝えても、大丈夫だ。

[そうか!] 人間関係は、まず伝えることが大事なのかもしれない。

[やってみよう] 今まで遠慮していたことについても、もう少し勇気をもって話してみよう。

テーマでの振り返りを積み重ねると自分なりの理論ができる

例3－7のようにコミュニケーションをテーマにした振り返りを繰り返していると、オンライン会議に限らず、普段の会話や講義の中で、ちょっと今日は反応が今ひとつだったな、こんなふうに意識して変えてみたらどうなるだろう、もっと言葉を届けやすくするためにはどうしたらいいだろうということを考えるようになります。

こうした積み重ねが自分のコミュニケーションスタイルを形成しますし、振り返りをして、さらに言語化していくことで、**自分ならではのコミュニケーション理論とでもいうべきものが構造化されていきます。**

たとえば、オンライン会議に参加することが増えたとします。1行日記には、「ちょっと早めに参加して、部署のメンバーと雑談したら楽しかった」「会議中、Aさんのお子さんが画面に入ってきて、緊張していた場が和んだ」「Bさんが発言したくて手を挙げているのに、ファシリテーターが見落としてしまった」などと、その日に起こったことや、気づいた出来事を書き留めていきます。

それを見返していくと、「オンラインでは用件だけで済ませがちだけれど、雑談の効用というのはチームビルディング上、とても大きいのだな」「部長はお子さんの前では、あんなに子煩悩な表情になるんだな、プライベートが垣間見られるのはオンラインならではの利点かもしれないな」「画面が小さい分、リアルな会議以上に細やかな目配りが大事だな」といった気づきが得られると思います。


そうした気づきを、さらにコミュニケーションといったテーマを決めて振り返ることで、「オンライン会議では毛づくろいのようなコミュニケーションが大切です。雑談タイムを意識して設けることで、希薄になりがちなチーム内のコミュニケーションを活性化できるからです」というような主張に展開することができます。そうなると、人前で自分の考えを話したり、何かのイベントなどでも大事なこととして伝えることができるようになります。

スキル的なことだけでなく、だんだんとその道における自分の「センス」みたいなことも、言語化できるようになってくるのです。

ちなみに、テーマ設定は、ビジネスに関することでなくてもいいのです。毎朝コーヒーを淹れるのが好きなら「おいしいコーヒーの淹れ方」でもいいですし、ラーメンが好きなら「名店といわれるラーメン店主の共通点」でも構いません。

「自分も本を書いてみたいのですが、何をテーマにしていいかわかりません」「noteやブログをはじめてみたのですが、ネタがなくて続きません」という相談を受けることがあります。その人が一番詳しいのは、毎日あたりまえのようにやっている仕事、これまで続けてきた大好きな趣味そして自分自身のことについてです。

その中からなるべくたくさんの気づきを得て、**テーマを決めて理論を構造化していくことができれば、必ずその道の「専門家」になれるはずです。**ご参考までに「趣味のラーメン食べ歩き」の日記の例を掲載します（例3－10）。

例 3-10　趣味のラーメン食べ歩きの日記の例

8 August

1 mon

[やったこと] 新しくオープンした「〇〇」というお店でこだわりラーメンを食べる。

[自分にとっての意味] 具はなくシンプルな醤油味のラーメンということで気になったが、おいしかった。

[そうか!] スープと麺だけでもこんなに美味しいと発見!

[やってみよう] これからラーメン店に行くときは、店主にスープのこだわりを聞いてみたい。

2 tue

[やったこと] 近所のラーメン屋に新メニューが出るとのことで行ってみた。

[自分にとっての意味] 九州ラーメンの専門店が醤油味を出すということだったので気になったが、意外とおいしかった。

[そうか!] タレとスープのバランスでも味が変わってくる!

[やってみよう] スープの素材についても調べながら、ラーメン屋さんのブログを書いてみよう。

↓

[中気づき] 名店と呼ばれるラーメン屋さんは、
素材へのこだわりが強い。
今後も何がどう変わってくるのか食べ歩いてみたい!

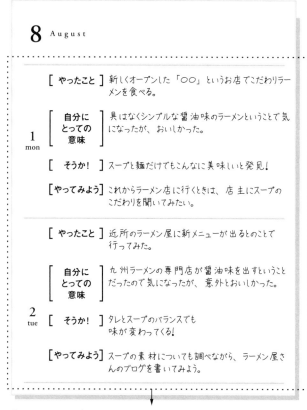

自分なりの「フレームワーク化」で成長は加速する

「1行日記」を続けていると、毎日いろいろなことを観察して言語化した記録が貯まっていくと思います。僕は何度も読み返すことで、日々の体験を構造化（フレームワーク化）しています。

構造化とは何でしょうか。ちょっと難しい言葉でいうと、一つひとつの事例を振り返ることによって、ほかの領域に応用できる理論にしていくということです。

経営学では、フレームワークというものを活用します。

これはどういうものかというと、「どうやって市場分析をするんだろう」「製造ラインを見直さなければいけないけど、何から手をつければいいんだろう」などといった時に使う問題解決のための枠組みです。

有名なものでは、ビジネスの環境分析を行なうための「3C分析」などがあります。これは「市場（Customer）」「競合（Competitor）」「自社（Company）」の頭文字をとったもので、市場分析をする時には、この3つの枠組みに当てはめて考えましょうというものです。

こうしたフレームワークを使うことで、市場分析をするたびに「あれ、何から分析すればいいいんだっけ？」などと膨大な情報を前に途方に暮れることなく、効率的に進めることができます。

つまり、フレームワークというのは、複雑な問題を解決する時の共通点を見つけて、別の問題にも応用できるようにするツールだと僕は考えています。

だとすれば、自分なりのフレームワークを見つけていけば、より速いスピードで成長できるし、何か問題が起こった時にも対処しやすいのではないか。そう考えたのです。もちろん、経営に限ったことではなく、プライベートの人間関係でも、バンドの練習でも応用可能です。

1行日記を続けていると、いろいろな個別の体験が言語化されて、ノートやアプリの中に蓄積されてくると思います。僕は、それを何度も見直しては、個別の体験をつなげてみたり、並べ直しながら、構造化（フレームワーク化）しようとしています。僕が構造化する時のパターンは、3つあります。

①共通点を見つける

たとえば、ある3日間の僕の1行日記はこんな感じです。

1日目　子ども向けのワークショップを開催した。
2日目　学生起業家の人たちと対話した。
3日目　Zアカデミア（Zホールディングス全体の企業内大学）のワークショップで登壇した。

それぞれのイベントで対象となる人たちは違うのですが、見返しているうちに、言葉の使い方だけが違うものの「対象者の年齢が変わっても、伝えたいことの本質は同じだな」「じゃあ、このままやればいいんだな」という気づきが得られます。

これは因数分解に近いかもしれません。別々の出来事を見直しながら、共通点と相違点を見つけて、「これが共通点だな」ということをくり出すのです。そうすることによって、「相手の年齢によって、言葉使いを変えないと伝わりづらいな」「でも、どの年代であっても、自分のやりたいことに向き合おうとしている。そういう人たちの肩を押せるような言葉や方法論が求められているんだな」ということがわかります。違う事象を自分なりに構造化することで、共通解が見えてくるのです。

②時系列で並べる

それぞれの出来事を時系列に沿って考えるやり方です。半年前に比べて、どのくらい成長しているのか、たとえば英語力がこれだけ向上したな、といったことを分析できます。

半年前　スティーブ・ジョブズの英語のスピーチを聞いていたら、90％がわからなかった。

3か月前　毎日聞いていたら、スティーブ・ジョブズのスピーチの半分がわか

今日　半年前のジョブズのスピーチを、覚えていた。発音一つひとつがすべてわかる。
るようになっていた。

③相対的に考える

目の前で起こっている出来事にどうしても気を取られてしまいがちですが、ひとまず「1行日記」に書いて、それぞれを見比べることで「この時の大変さに比べたら、大したことがなかったな」などと、相対化して考えることができます。また並べてみることで、「もしかしたら、あの人が言っていたこの言葉は、こういう意味もあったのかな」などと、より多面的に振り返ることができます。

1年前　仕事が立て込んでてハード。
今日　仕事が立て込んででマジハード。
（いやいや、1年前とほぼまったく同じこと書いているけど、これ、あの時と比較すると、今は全然楽だわ……）

振り返りでできる3つのこと

ネガティブな出来事がポジティブに変わる

「1行日記」は何度も振り返ることに意味があります。過去に起こった出来事も、見直しているうちにどんどん解釈が変わっていきます。

たとえばイライラしてしまったり、がっかりする出来事があったとします。僕の場合、最近では、新型コロナウイルスの感染拡大の影響で、時間をかけて準備していたイベントが中止せざるを得なくなった、ということがありました。

その日の1行日記にはこんなふうに書いていました。

「長い時間をかけて準備していたイベントがコロナで中止。残念」

悲しい、悔しいといったネガティブな感情がある時には、なかなか「自分にとっての意味」を考えたり、気づきを引き出す余裕がないことが多いのですが、現状から目をそらしてしまうと、それだけ学びの材料が減ってしまいますから、とりあえず1行だけ記録しておきます。

それから1か月ほど経ってから読み直してみたのですが、書いた時に感じていたネガティブな感情がまったくなくなっていることに気づいて、びっくりしました。

その理由を考えてみると、ひとつには、言語化することによって俯瞰する視点を持ったからだろうと思います。第1章でもお伝えした通り、1行日記を書くことは、自分がやったことを俯瞰して構造化することであり、第三者の視点でメタ認知することだからです。

もうひとつの理由は、時間が経って状況が変わったことで、起こった出来事の意味が変わっていたからだと気づきました。

このイベントを開催することで、こんな領域のことを新しく学べるだろうな、こんな人たちとも会えるかもしれないなという期待がありました。ですから、イベントを中止することになって、そうしたことができなくなってしまうのが残念だったのですが、別の機会に、本を読んだり、オンラインで人と話すことによって、いつの間にかそうしたことを達成できていました。

そうなってから読み返すと、イベントを開催できなかったことは残念ではあるものの、決して腹を立てたり、悲しんだりする必要はなかったのだということに気づきます。

チャンスをつかむセンスが持てる

1行日記を何度も読み返すことが大切なのは、その作業を通じて、過去に起きた出来事の意味を再定義できるからです。起こったことは変わりませんが、その記憶にどんなラベルをつけるかは現在の自分次第だからです。

同じことをやっていても、そこから得られる気づきはどんどん変わります。その繰り返しが「センス」になっていくと僕は考えています。

1行日記に書き留めていくことは、日常の小さな出来事や、そこから得られた気づきです。毎日の変わらない日常を振り返って気づきを得る習慣を身につけることで、何か大きな出来事があった時、「今がチャンスなんだ！」ということに気づくセンスができあがっていきます。


調香師は数千種類以上あるといわれる香りを嗅ぎ分けるといわれますが、それはもともとの嗅覚が優れていることもさることながら、毎日数十種類の香りを嗅ぎ分けて、膨大な数の仮説検証を繰り返すからでしょう。優れたソムリエなども同じだと思います。反復を繰り返していくうちに、自分の中に回路が生まれて、進化していくのです。

センスというと先天的なものだと思われがちですが、実は筋トレのように、毎日の地道な反復作業を通じて養っていくものなのだと思います。

夢や目標に近づく第一歩が踏み出せる

なかなか行動できない人の悩みを聞いていると、情報収集や自己分析に時間をかけすぎてしまっていることが多いように感じます。とてもよくわかります。僕自身がそうだったからです。

「自分が人生を通じて実現したいことはなんだろう?」と考えはじめて「そうだ、子どもの頃から世界平和に貢献する仕事をしたかったな」と思うものの、じゃあ国際機関に転職したほうがいいのだろうか?それともNGO?などと、「壮大な夢」を考えて、なかなか実際の行動に落とし込めず、時間ばかりが経ってしまう。

もちろん大きな夢を考えることは大切なのですが、それよりも、たとえば今日、通勤路でブロック塀が崩れていたなという小さな事実を書き留めて、それを振り返り、そのままだとみんなが困るから役所に電話してみようとか、そもそも小学生たちが通学する道にブロック塀があるのは危険だから市議会議員に相談してみようかというように、小さな行動を積み重ねていくほうが、大げさでなく、世界平和に近づく早道かもしれません。

例３－11の例では、毎日の出来事で自分の感じたことを振り返ることで、自分が進みたい方向に気づいています。

行動できる人というのは、やる気や大きな夢があるから行動できているわけではありません。最初の小さな一歩を踏み出して続けられるかどうか、それだけです。やる気は、行動することから生まれますし、振り返りを通じて、自分の方向性を明確にしていくのです。そのサイクルを自分の習慣に落とし込めるかどうかだけです。

「ものすごい何か」をする必要はないのです。人生に一発逆転はありません。自分を変えることができるのは、毎日の地道な行動の積み重ねです。

習慣こそが、いつでも自分を変えられる手段になります。そして、毎日の振り返りそのものが、行動を生み出すエンジンになるのです。

例3-11　1行日記でやりたいことを見つける

8 August

1
mon

[やったこと] 知人が転職したことを知る。

[自分にとっての意味] うらやましく感じて、このままで自分はいいのかと思った。

[そうか！] 知人に比べて自分は勉強不足かもしれないと気づいた。

[やってみよう] 自分はどこにいきたいのか、長い目で考えよう。

2
tue

[やったこと] 自分が提案した内容でお客さんに喜んでもらえた。

[自分にとっての意味] 自分から発案したものが喜ばれるのはうれしい。

[そうか！] 相手に喜んでもらえることが見つかった！

[やってみよう] 専門知識を身につけよう。もっと役に立てる提案をしたら、独立にもつながるかも。

第4章

「振り返り」で自分を知る、未来の自分をつくる

なぜ僕は、50代でやるべきことを見つけられたのか

「武蔵野大学で新学部を設立しませんか」

こんな相談をもらったのは２０１９年、僕が52歳の時のことでした。

武蔵野大学は１９２４年、築地本願寺内に創設された武蔵野女子学院からはじまる私立大学です。伝統ある学部はもちろん、西本照真学長のリーダーシップのもと、２０１９年にはデータサイエンス学部を新設するなど、様々な先進的な取り組みも行なっています。

この武蔵野大学で、リーダーシップを持って突き進む若者を輩出するための学部を新たに立ち上げたい、という西本学長の想いがあり、「それを伊藤さんとやりたいのだが」と持ちかけられました。

お話を聞いた瞬間、僕は「やりましょう」と決めていました。

なぜ、即時に決められたのか。
それは、**毎日「振り返り」をすることで、それが自分が進むべき道であることが、直感的にわかったから**です。

それまで僕は、Ｙａｈｏｏ！アカデミアやグロービス経営大学院で社会人教育に携わっていました。そして毎日の振り返りを通じて、あることに気づきはじめていました。

それは「大人（社会人）になってからの教育だけでいいのだろうか」ということです。これまで社会人教育を自分のライフワークにしてきましたし、自ら想いを持って学ぶ方をサポートするのはとても素晴らしいことなのですが、それと同時に、まだ社会に出ていない学生を対象とした教育も大事なのではないかと思うようになっていました。プラスに勤めていた頃から、様々な起業家の方たちと仕事上の接点を持っていましたが、若い頃から、志を持ち活動してきた人が多いのです。「そういう若い頃から自分の道を突き進む人材が増えることが日本の活力につながるよな。そのためには、社会人教育をやると同時に、高校や大学の時期からも取り組まねばいけないのではないか」――という思いがありました。

忙しい毎日を送りながら、そんな振り返りを重ねていく中で、2019年7月に開催されたグロービス経営大学院の「あすか会議」という受講生向けイベントにゲストとして呼ばれて出かけました。そこには教育改革実践家である藤原和博さんも登壇されていて、たまたま会場で一緒になり、1時間くらいお話しさせていただく機会がありました。

藤原さんといえば、僕が教育の道に進みたいと思ったきっかけをつくった方でもあります。

そんな藤原さんから、会場でこんなことを言われました。

「伊藤さん、今、相当Yahoo!アカデミアの仕事に慣れてきて、結果もどんどん出ているでしょう。それは素晴らしいことだけれど、きっとここから1年くらいの間に、いろいろなことが起こる。それが伊藤さんの転機になると思うよ」

この言葉は、強い印象となって残っていましたが、その直後に、武蔵野大学の学長から「新学部を一緒につくらないか」と持ちかけられたのです。自分の中で、うわーっとつながった瞬間でした。毎日の日記で気づいた〝ドット〟と、藤原さんの言葉がつながって、大きな確信が生まれ、瞬間的に「やりたい！」と思ったのです。

毎日振り返りをしていなければ、即断はできなかったでしょう。

日々の振り返りを通じて、軸が明確になっていきます。すると進むべき方向性が見えてきて、ある日、チャンスが訪れた時に、それを掴むべきかどうか、瞬時に判断することができます。

これが運命の仕事である。

そんな確信を持つことができるのは、振り返りを経て得た自分の軸が明確にあるからです。

この章では、自分の軸やこれからの方向性につながる、日記の使い方や振り返りの仕方について紹介していきましょう。

「自分」の方向性を見つける

多くの方は、そんなに「具体的な夢」などというものは描けていないのではないかと思います。具体的な夢から逆算して行動するなんて、現実味がないし、ちょっとめんどくさいなというのが、個人的な考えでもあります。

でも、毎日の振り返りをしていけば、うすうすとでも自分はこちらに行ったほうがいいのではないか、自分はこれが好きなのではないか、というものは見えてくるものです。

事例を挙げて説明しましょう。

次ページの事例では、「自分が人生において大切にしていること」や「こんなことをしていると気分が上がる」という軸で日記をグルーピングしています。すると、「誰かに何かを教えてあげて喜ばれることが嬉しい」という内容がいくつか見つかり、そこに自分の興味・関心があることに気づきました。そこで、だっ

例 4-1　日記で「自分」の方向性を見つける

1 mon

[やったこと]

自分がアドバイスをした後輩の仕事が会社で賞をとり、後輩があらためて御礼に来てくれてうれしかった。

9 tue

[やったこと]

悩んでいる後輩に、「1年前よりここところがすごく伸びてると思う」と伝えてあげたらすごく喜ばれた。

17 wed

[やったこと]

仕事の相談をしにきた人に、アドバイスをしたら、後から「うまくいきました」と喜ばれた。

↓

[中気づき] 誰かの成長に関われることが自分は好き。

たらコーチングの勉強をしてみよう、自分が教えられることは何だろう、などと、一歩踏み込んで考えることができるかもしれません。

毎日、日記を書いていると、「こんなことをしていると気分が上がる」といった発見はあると思います。でも、1回だけだと、そうした気持ちは流れてしまい、自分のキャリアまで昇華しないものです。しかし、振り返って、こうした気づきが2回3回と続いていることを知ると、「やっぱり自分はこの方向が好きなんだ」と確信を持てるようになります。

一方で、例4－2のような事例も考えられます。

「好きなこと」とは逆の話ですが、日常のイラッとしたことも、「なぜ、そう考えたんだろう」と自問し、それを深く振り返ることで、自分の価値観に気づくこともあります。

こうしたプロセスを繰り返していくと、「自分が人生において大事にしているこ

例 4-2 日記で自分の価値観に気づく

1 mon

[やったこと]
社内での企画会議で、
A課長が「市場全体の傾向を知りたいから、
すべてのデータを出してほしい」と言ったため、
チームのメンバーのBさんが、
自分の主張に不利になるデータもあえて出していたのに、
A課長が真っ先にそれにつっこんでいたので、
自分がその背景を詳細に説明した。

[気づき]
ほとんどの人が自分の主張に不利なデータを出さないのに、Bさんはルールを守ろうとして提出していたはず。行きすぎもよくないけど、正直にやった人がそれでモチベーションが下がるような状況はつくりたくないと思っていることに気づいた。

2 tue

[やったこと]
もともとBさんの意見であったものなのに、その後同じアイデアをCさんが言って横取りしていたように見えた。
「その話はBさんもしてましたよね」と振ったのだけど、
会議の流れが変わらなくて、イラッとした。

[気づき]
本当に頑張った人が報われないという状況をなんとかしたいと思った。

↓

[中気づき] 自分は努力した人がきちんと報われるような公正な状況をつくりたいと思った。

と」がいくつか結晶のようになっていきます。

もちろん、日々たくさんの経験を振り返るうちに、軸の重要性や優先順位は変わっていきます。2020年の新型コロナウイルスの感染拡大などのように、思いがけない状況が起これば、また優先順位は変わってくるでしょう。その中でも、反復して日記を見直すことで、**自分の人生にとって何が大事か**という思考を深められるのです。

「1行日記」で自分の強みを知る

「関心」や「得意なこと」などでグルーピングしていくと、自分の得意を知って、「タグづけ」することにもつながります。

様々な企業経営をサポートされている㈱プロノバの岡島悦子さんは、自分にタグをつけようとお話しされています。たとえば新しいプロジェクトに人をアサインする時、「こういう人材が社内にいないかな」と考えます。その時、「新規事業立ち上げ・中国・知的財産」といったように、複数のキーワードで「脳内検索」をして、ふさわしい人物を検討するというのです。

であれば、他人がどんなワードで検索するのかを考えて自分の強みを打ち出したほうがアサインされやすいことになります。タグ付けは自分の能力をメタ認知して、誰にとってどんな価値があるのか、客観的に振り返る作業でもあります。

例 4-3　日記で自分の強みを知る

1 mon

[やったこと]
他部署でつくっていたポスターについて、
「こうしたらわかりやすいのでは」と提案したら、
喜んでくれた。

2 tue

[やったこと]
自作の年賀状、
毎年「センスがいい」と言ってくれる人がいる。

3 wed

[やったこと]
今日、好きなアイドルグループのライブに行った!
超盛り上がった!

4 thu

[やったこと]
SNSにライブの話をあげていたら、
自分がアイドルオタクで
あることが会社でばれて恥ずかしかった。

5 fri

[やったこと]
マーケティング部のCさんに、
アイドルについて話を聞かれた。
こんなことで必要とされるとは思わなかった。

↓

[中気づき] 自分のタグは、
「デザインセンス」「アイドル」

過去と現在と未来をつなげる

「なりたい自分」と「現在」の自分をつなげるために

皆さんは、これからの夢や目標を持っているでしょうか？

なかには、具体的な夢や目標を持って努力しなければ、人生はうまくいかないのではと思っている人もいるのではないでしょうか。

正直、僕はあまり具体的な夢は持っていません。

人生の途中でヤフーに転職することも、本を出すことも、大学の学部長になることも、考えてもみなかったからです。さらにいえば、具体的な目標を持っていたら、ひょっとしたらヤフーに転職はしていなかったかもしれません。

しかし、進むべき方向性は持っています。まったく具体性はないのですが、「こんな感じで世の中に貢献していきたいな」「こんな世界になったらいいな」という、北極星のような目標です。

この自分のための北極星は、漠然とでも持っている方もいるでしょう。もし、今なくても、1行日記で振り返りを続けていけば、必ず見えてきますし、それに確信を持っていくことができます。

「今」を「未来」につなげていくために必要なのは、毎日やっていることが、その北極星につながっているかどうかです。

「いつかこうなりたい」という希望はあるものの、その方向に自分が向かっていなければ、たどり着くことはありませんし、今の時点でどこにいるのかがわからないと、途中で心配になるものです。

そこで僕がやっているのが、第2章で少し説明しましたが、「大振り返り」です。大振り返りは、自分が描いている方向、自分が目指している道を歩いているのかいないのかを、それまでの日記を振り返りながら、1か月もしくは1年単位でチェックします。もちろん、3か月単位で振り返ることもあります。

たとえば、こんなことを振り返ってみましょう。

- **この期間、自分は成長したか**
- **それはなぜか**
- **この期間の自分にとっての意味は何か**

また、「みんなが自由に発言できる社会にしたい」「10キロやせて人前で自信を持って話せるようになりたい」「英語で仕事ができるようになりたい」といった方向性をすでに持っているのであれば、振り返って、その北極星に向かって自分が成長できるかを振り返ってください。

大振り返りは、しっかりと時間をとって行なうことが大切です。僕は、リゾート地や、都内のホテルに一人で宿泊して、ずっと「大振り返り」を行ない続けます。リラックスして、1行日記を見返しながら、ぼーっと頭の中で、振り返りながら、ぐるぐると想いを馳せます。僕はあえて言語化はせず、頭の中でぐるぐると思考を巡らせますが、やりたい形で取り組んでもらえるとよいでしょう。

そうすると、大抵の場合、1か月前、3か月前、1年前からみると、自分がなんらかの形で成長しているのがわかります。もちろん、全然進展がなく、埒《らち》が明かないこともあったりはしますが、それでも、別の側面では、何かしら変化はあるものです。成長というのは、必ずしも、知識が増えたとか、スキルが上がっただけでなく、何かが変わったということでも成長といえると思うのです。そういう変化（成長）を感じとることが大事です。過去から、今現在の自分の変化を知る、ということですね。

目標にたどり着くまでには、毎日の振り返りでは足りないところがあります。「気づいたらここまで来た」という状況をつくっておかないと、自分が迷走してい

例4-4　北極星を目指す大振り返り

［ 北極星 ］みんなが自由に発言できる社会にしたい。

［ 日記 ］・SNSでネガティブなコメントを見てもスルーすると決めた。
・会議であまり発言しない人に、後でどう思っていたか聞いてみた。
・次回発言してくれるよう励ました。

・この期間、自分は成長したか
成長したと思う。

・それはなぜか
発言しない人へのフォローもできた。

・この期間の自分にとっての意味は何か
身のまわりから、自分がありたい社会に向けて
取り組み始めることができた。

［ 北極星 ］ダイエットして人前に出ることに自信を持ちたい。

［ 日記 ］・1人では続かないと思ってジムのトレーナーさんにお願いすることにした
・自分なら気づかないことをいろいろと注意してくれる。
・1か月間、続けられた！

・この期間、自分は成長したか
成長したと思う。

・それはなぜか
続かない自分から一歩踏み出せた。

・この期間の自分にとっての意味は何か
続けられている自分にも自信が持てていると思う。

る感覚になります。

昔、シンガーソングライターの尾崎豊が「シェリー」という曲で、「俺はうまく歌えているか」「俺は真実へと歩いているかい」と歌っていましたが、そんなふうに、もう少し大きいところで、自分は今目指す〝北極星〟に向かえているかと、その道筋をチェックしていくのです。

「過去」と「現在」と「未来」をつなげる「ライフラインチャート」

もうひとつ、「大振り返り」よりさらに大きな時間軸の中で、自分の方向性を確認するのに役立つ「ライフラインチャート」というものがあります。

ライフラインチャートというのは、モチベーショングラフとも呼ばれるツールです。生まれてから現在までを振り返って、自分のモチベーションが上がっている時はプラス、下がっている時はマイナスというようにチャート形式で書き出します。

過去の出来事を振り返って、その時、自分がどのように感じたのか、それはなぜかということを、一つひとつ丁寧に振り返っていきます。

過去を振り返るということは、Ｗｈｙ？を振り返ることでもあります。たとえば、自分はリーダー開発の仕事をしている時にすごくワクワクするな、なぜだろうな？と考えてみるわけです。

過去の行動を振り返って、なぜ自分はそう行動したのかというＷｈｙ？を繰り返していくと、無意識に自分の行動を決めている価値観がわかってきます。この価値観は**「譲れない想い」**と言い換えてもいいと思います。自分の行動を決める軸です。

もし今、自分がやるべきことが見えなくなっている人や、何を大事にしていけばわからないという人は、１行日記とあわせて、ライフラインチャート（図４－１）を使って、過去を振り返ってみることで「価値観」だけでなく、自分の大切にしている想い、そして今後どう生きるべきかという道が見えてくると思います。

方法は簡単です。

まずは、生まれてから現在に至るまで、どんな出来事があったか、その時に自分のモチベーションが上がったのか、下がったのかを折れ線グラフのように書いていい

図 4-1　ライフラインチャート

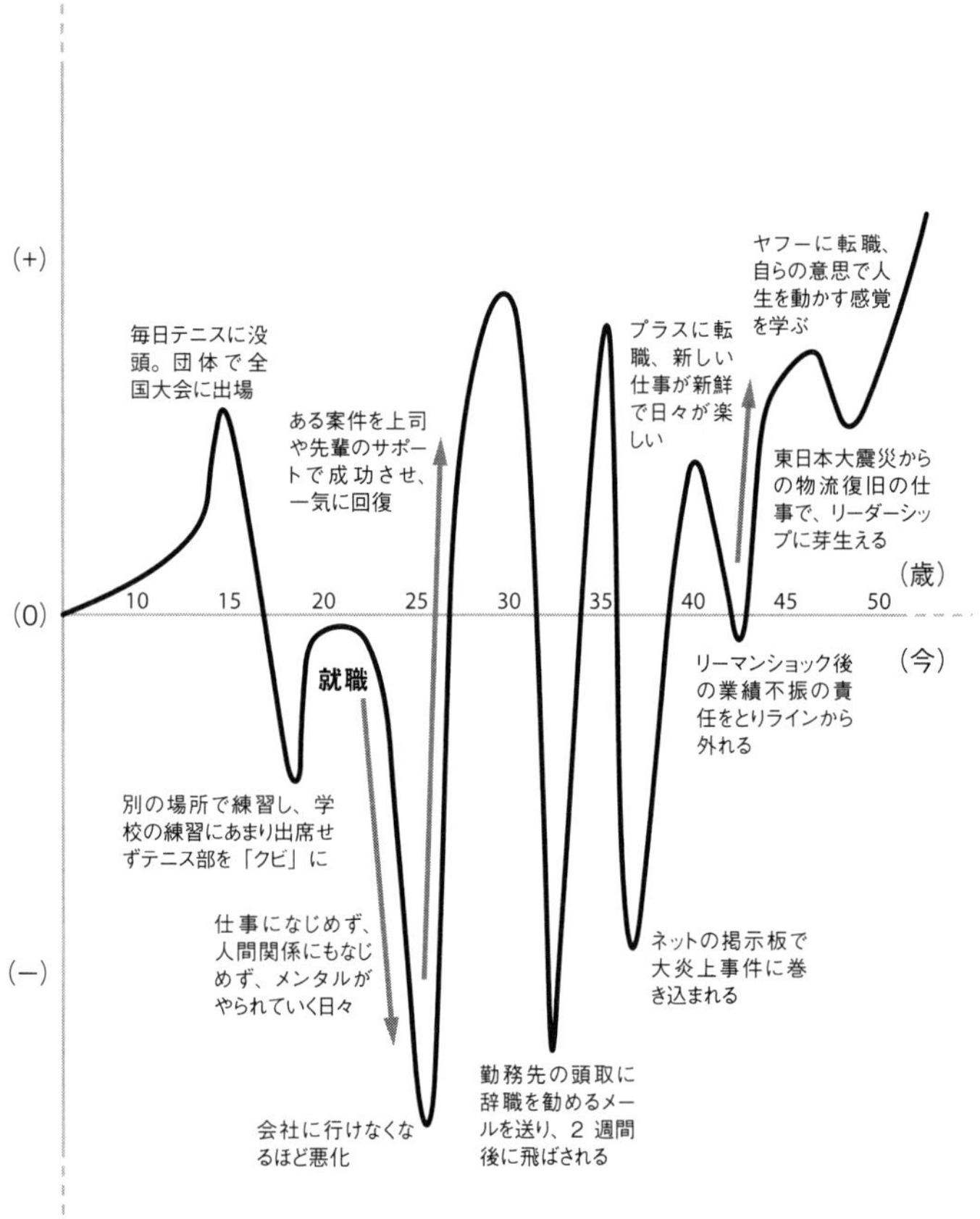

(+)
(0)
(−)
10
15
20
25
30
35
40
45
50
(歳)
(今)
毎日テニスに没頭。団体で全国大会に出場
別の場所で練習し、学校の練習にあまり出席せずテニス部を「クビ」に
就職
仕事になじめず、人間関係にもなじめず、メンタルがやられていく日々
会社に行けなくなるほど悪化
ある案件を上司や先輩のサポートで成功させ、一気に回復
勤務先の頭取に辞職を勧めるメールを送り、2 週間後に飛ばされる
プラスに転職、新しい仕事が新鮮で日々が楽しい
ネットの掲示板で大炎上事件に巻き込まれる
リーマンショック後の業績不振の責任をとりラインから外れる
東日本大震災からの物流復旧の仕事で、リーダーシップに芽生える
ヤフーに転職、自らの意思で人生を動かす感覚を学ぶ

きます。

モチベーションが上がった出来事はプラス、下がった出来事はマイナスにして、時系列でカーブにつなげます。

書いて読み返すうちに、意識の底に埋もれていた記憶がいろいろと蘇ってくると思います。思い出すことが大事です。なにかしらモチベーションがプラスになったこと、マイナスになったことを思い出したら、どんどん書き足していきます。

次に、その出来事が起こった時、具体的にどんな気分だったか、どんな行動をとったのか、その結果どうなったのかを書いていきます。その作業を通じて、自分はどんな出来事があるとモチベーションが上がるのか、下がるのか、だんだん明確になってくると思います。

振り返りとライフラインチャート

ここで一度、毎日の「振り返り」と、ライフラインチャートについて整理しておきましょう。

1行日記を見返しながら、1か月とか3か月とか1年単位での「大振り返り」をしつつ、ライフラインチャートと紐づけて考えていくと、「人生がつながっている」感覚になります。

たとえば、日々の仕事に追われながらも、「銀行員の時もプラスにいる時も、人がいきいきと仕事をするためのサポートをすることが嬉しかったよな」という感情がライフラインチャートを通して思い出されると、「自分の強みを考えると、コミュニケーションやリーダーシップという領域で、人の笑顔を増やす仕事をしていきたい」「自分は仕組みをつくることも好きなのだな」といった方向性が見えてくるのです。

逆に、今から自分がサッカー選手になってみんなに勇気を与えるとか、量子コンピューターに関わる仕事を勉強してはじめるかというと、どうやらそれはなさそうだということもわかります（1行日記にも、ライフラインチャートにも、そんな状況はほぼ書かれていないわけですから）。

僕自身の長期的な目標は「人類が笑顔でいてほしい」というものです。その〝北極星〟に近づいていくために、Ｙａｈｏｏ！アカデミアで社会人教育に関わりたいと思ったのが、転職する決め手になりました。

北極星さえ見失わず、かつ足元がちゃんとしていれば、あとは運命に導かれるまま動いてみようと思っているので、「十年後に社長になろう」「60歳までにこれをやろう」いった目標は、まったくありません。今がとてもエキサイティングなので、右往左往しながらでも、面白いと思ったことにどんどんチャレンジしようと考えています。

ひとつやふたつの出来事だけでは腹落ちしないかもしれませんが、これまでの人生を俯瞰して振り返ることで「よく考えたら、自分はいつもここにこだわっているな」「このことを無意識のうちに重視してきたのだな」ということがわかってくると思います。それが自分の軸です。

自分の軸は少しずつ変わっていきます。ですから、定期的にライフラインチャートを見返すことで、今大事にしたい軸は何かを確認し、より明確なものにしていくことが大切です。

過去とつながると、自分の軸が見えてくる

ここで、事例（例4－5）を紹介しましょう。先ほどの「自分の進むべき道」を見つけた方が、ライフラインチャートで振り返りをしたとします。

例4－5では、仕事で感謝されたことから、自分の方向性を見つけています。ただ、仕事は仕事、プライベートはプライベート、と、ばっさりと分けられるものでもありません。ですから、あまり区別せずに、モチベーションが上がった、下がったということを素直に、出してみるのがよいでしょう。

時々「やりたいことがない」という方もいますが、よく見れば、自分の毎日の中に、「やりたいこと」「人生のミッション」はあふれているのです。

例4-5　ライフラインチャートと日記で「やりたいこと」に確信を持つ

自分がアドバイスをした後輩の仕事が会社で賞をとり、
後輩があらためて御礼に来てくれてうれしかった。

悩んでいる後輩に、「1年前よりここととここがすごく伸びていると思う」と
伝えてあげたらすごく喜ばれた。

・**気づき**：誰かの成長に関われることが自分は好き。

・**ライフラインチャートで気づいたこと**
中学時代、バレー部でレギュラーにはなれなかったけれど、マネージャーとしてみんなの状態を見てアドバイスをし続けることで、市内大会でいつも終わるところが、県大会の2位までいき、しかも最後にみんなが自分に感謝してくれてうれしかった経験がある。
　→　**ここが原点?**

・**未来の方向**
どんな人でも成長できる。
自分は日本人全員の成長をサポートしたい。

・**今日からできること**
社内で困っている人に積極的に声を掛けたい。

・**中期的目標**
コーチングの勉強をする。

しかし、一度の振り返りで見つけたことは、「いや、その時だけのことかも」と考え、毎日の中で流されてしまいがちです。

それが2つ、3つの気づきになっていくと「どう考えても自分はこういうことを大事にしているな」ということが見えてきます。一度の振り返りでやりたいことが見つかるというよりも、「なぜワクワクするのだろう」「なぜモヤモヤするのだろう」「何のために今こういうスタンスをとっているんだっけ」などと毎日何度も振り返る中で、自分の軸が見えてくるのです。

さらに、過去とつながると、その考えがより強くなっていきます。

ここまでくると、何かあなたにとって大事な決断が必要になった時に、すぐにそちらに動いていくことができるのです。自分がプラスからまったく異業種のヤフーに転職し、またこれから武蔵野大学で大学の仕事をしていくことを決断できたように、です。

振り返りとライフラインチャートを通じて、自分の向き不向きや好き嫌いが明確になっていきます。これをやっている時は無条件に楽しいな、とか、得意だけれども、本当に自分がやりたいのはこれではないな、などといったことにも気づけるようになります。

小さなことも大きなことも言葉にして振り返ることで、なんとなく楽しい、楽しくないといった感覚から、自分のやりたいことに昇華できるようになります。

具体的な「中間目標」は必要か？

とはいえ、そういった〝北極星〟と、足元の振り返りだけでいいのか、というと、仕事やダイエット、資格など目標を具体的に決めたほうが動きやすいケースもあるかもしれません。「なんとなくこっち」という漠然としたものではなく、「実現すべき目標」です。

たとえば自分は、1年から5年スパン程度の中期的な目標は、なるべく具体的に決めることにしています。たとえば「来年度までに、Yahoo!アカデミアをZホールディングス全体に展開しよう」「来年までに新学部を設立したい」というようにです。

北極星のような自分の目標を決めて、1行日記で日々を振り返る。ただ「人類が笑顔でいてほしい」という長期目標と、日々の仕事の間は、かなり大きな差がありますので、現実的な中期目標をつくって、その間の道筋をきちんと決めていくのです。

この山を登りたいなというのが長期目標で、日々の振り返りで足元のコンディションを固めながら、一歩一歩近づいていく。中期目標は、ひとまず、どこの山小屋を目指すのかを決めていくということです。

1年後などに、どのくらい山小屋に近づいたか、何パーセント達成したな、ここはできなかったな、ということを振り返るようにしています。

ただ僕の場合、そうしたリアルな中期目標は、航海図を正しく進むためには必要だと思うものの、リアリティーがありすぎてワクワクしてこないのです。あまりかっちりと具体的な目標が決まって、それを達成していくというふうにすると、仕事のタスク管理のようになります。

それに、僕がヤフーに転職したり、武蔵野大学で学部を立ち上げるお話をいただいた時のように、偶然の出会いに身を任せることがやりづらくなってしまったりします。

そのため、中期目標については、「やりたい人はやる」くらいにお考えいただけるとよいと思います。人それぞれです。

中期目標は、あくまで長期目標を達成するための行程管理のようなものだと考えています。

日々の振り返りを大切に積み重ねながら、片手に羅針盤のようにライフラインチャートを持つ。北極星があるので、大きな方向を見失わずにすむ一方で、細かな軌道修正を柔軟に取り入れていく。1行日記とライフラインチャートは、そのような位置づけです。

人工知能（ＡＩ）やロボットの技術革新が進んでいく中で「十年後になくなる仕事リスト」などという特集がメディアで大きく取り上げられたり、「これからはプログラミングを勉強しなければ生き残れない」といわれたりしています。そうした大きな時代の変化をリサーチしたり予測することも、もちろん大事ですが、一番大事なのは、自分が本当にそれにワクワクするか、心の底からやりたいと思うのかということです。

ライフラインチャートで振り返ってみることで、やっぱりプログラミングを勉強してみたいと思うかもしれませんし、いや、みんながそうだとしても、自分はやっぱり人と関わる仕事をしたいということに気づいて、その道に進んでいくかもしれません。

過去の振り返りを通じて、自分の価値観を知り、確信を持って未来に進むことができます。

自分を知ることはなぜ大事なのか？

最後に、この章で一番大事なことをお話ししたいと思います。

伝え方の研修で、僕が必ず最後に伝えるのは、テクニックの話ではなく、「自分の生きざまを語ろうぜ」ということです。

もちろん拙著『1分で話せ』で書いているように、伝えたい相手とゴールを明確にすること、簡潔で力強いメッセージのつくり方、人に伝えて動いてもらうためのスキルというものはあります。

でも、そもそもプレゼンで何を話せば説得力が一番あるのか考えると、それは「自分の生きざま」なのです。

別に大げさな話でなくていいのです。たとえば、何か食べ物を推薦する時に、自分がおいしいと思ったものは心から推薦できるでしょうし、行ったことがあって、すごいなと感動した場所は、本気でよさを伝えられるはずです。

そう考えると、プレゼンのように他者を動かすためのコミュニケーションにおいても、自分の「内なる言葉」があって、初めて人を動かすことができるのではないかと思います。

そして、それは自分に対しても同様でしょう。

アメリカのコンサルタントであるサイモン・シネックは、一般的な経営者のスピーチが「Ｗｈａｔ」からはじまるのに対して、スティーブ・ジョブズなど優れた経営者のスピーチは、必ず「Ｗｈｙ」からはじまる、と話しています。これは脳科学的にも合っていて、情動や意思を司る大脳辺縁系は「Ｗｈｙ」に反応するのだそうです（「振り返り」をＷｈｙで行なうのも、これに適《かな》っています）。

人間が「心」からの言葉でないと動かないということは、脳科学の分野からもいわれることのようなのです。

一方、自分の「内なる言葉」は、あたりまえですが、自分の中にしかありません。自分が経験したこと、自分の好き嫌い、価値観、その中にしか存在しません。そういう意味でも、自分の行動を振り返り、価値観を明確にしていくことは大切だと思います。

自分で何かしようと思う時も、他人に言われて行動する時も、自分の中で、本当にそれをやりたいという思いがなければ、なかなか前向きに取り組めないし、ましてや、毎日それを愚直に続けることなどできません。

「人類はこうあるべきである」というビジョンもいいのですが、「こうなりたい」と心から強く思うのは、もっとピュアな気持ちがきっかけになることが多いのではないでしょうか。

自分を突き動かし続けるためには、自分の「内なる言葉」をつくっていくことが必要です。1行日記の振り返りは、自分の内なる思いを言語化し、そのことによって、自分を突き動かし続けるためのプロセスでもあります。

「自分道一番」でいい

「世界に一つだけの花」という歌があります。「ナンバーワンにならなくてもいいもともと特別なオンリーワン」という歌詞を最初に聴いた時は、ちょっと言い訳っぽいような気がしましたが、今聴いてみると、その通りだなと思います。

オンリーワンというのは、目指すものではなく、そもそも人間は誰しもオンリーワンです。

茶道ならぬ「伊藤羊一道」というものがあったとしたら、当然ながら、僕はその道では世界で一番です。

誰よりも伊藤羊一のことを考えている自信がありますし、誰よりも詳しいでしょうし、伊藤羊一らしさではほかの誰にも負けません。

同じように、佐藤太郎さんは佐藤太郎道で世界一でしょうし、鈴木花子さんは鈴木花子道で右に出るものがいないはずです。

もちろん、その道で一番だから努力しなくてもいいという意味ではありません。しかし、誰か突出して「すごい人」がいるわけではなく、みんなが○○道を極めようと頑張っていて、お互いにその○○道をリスペクトしている。

ダイバーシティ（多様性）というのは、そういうことではないかと思いますし、極端な話、もしみんながお互いが○○道で世界一だということを理解して尊重していたら、それが世界平和につながるのではないかと思うのです。

もちろん、学力で評価されたり、別の指標で評価されることはあります。仕事の成果が出なかったり、就職活動の面接でうまくいかずに落ち込むこともあるでしょう。ただ、それはひとつの指標に合わなかったというだけの話です。

自分の軸を明確にするということは、○○道を極めることだと思います。それは自己肯定にもつながります。○○道を極められるのは自分しかいないからです。それが、生き様です。

Ｙａｈｏｏ！アカデミアの講座でも、ライフラインチャートを共有して対話するセッションは必ず盛り上がります。それは、自分が語ることのできる言葉やエピソードの中で、世界でオンリーワン、かつ○○道のナンバーワンである自分自身のエピソードが、自分が一番詳しく、愛着のあるものだからです。

自分というものはオンリーワンの存在であり、自分の思いは、自分にとって一番大切な、かけがえのない強みになっていきます。それは、振り返りを繰り返すうちに、いっそう明確で強固なものとなっていきます。

第5章

「振り返り」でより成長するために

SNSで発信してみる

最近は、皆さん、普通にSNSで自分のことを発信します。

「1行日記」とライフラインチャートで振り返りをする習慣がついたら、応用編として、SNSで気づきを発信してみるのもおすすめです。

僕は1行日記で振り返って得た小さな気づきをフェイスブックやツイッターでシェアしています。

たとえば「そうか、オンリーワンが大切だな」と思ったら、そのことを書きます。SNSでは、あまり起承転結を意識せず、メモのように気づきを書いています。多い時には、1日に何回か投稿します。

そうしたプチ気づきの発信を重ねていくと、気づきが小さな結晶のようになっていきます。それがある程度貯まったら、noteやブログなど少し長いものにまとめてみるのがいいと思います。

SNSに公開するメリットは、大きく分けて3つあります。

ひとつは、他人に読んでもらうためには、ストーリーに整合性がなければいけないので、自分の中で整理が進むということです。「ここはロジックが飛躍しているな」「だから何?という話になっちゃっているから、もう一歩掘り下げたほうがいいかな」ということを否応なく考えるようになります。そのことで、「つまり自分は、こういうことが言いたかったんだな」と気づきが強化されていきます。

もうひとつは、公開することによって、「いいね!」やコメントなどのフィードバックが受けられることです。中には、自分が思ってもいなかった視点からのコメントもあって、SNS上でコメントに返信する中で対話が生まれますし、さらに自分の気づきにつながることもあります。

3つ目は、コミットメント、つまりみんなの前で宣言するのと同じ効果があるということです。よくダイエットや禁煙をする時に、あらかじめみんなに言って、やらざるを得ない状況に自分を追い込むという話がありますが、それと同じです。

次ページに僕のフェイスブックでの投稿をご紹介しましょう。

「こんな気づきがあった」という学び、「だから、こういうふうに生きていこうと思う」という決意、「それについて、みんなはどう思う?」という問いかけ、自分の理念への落とし込みを意識的に書くようにしています。

1行日記やライフラインチャートと同じように、言葉にすることで、自分の思いは「こういうことだったんだな」と意識できるようになります。

最近では、本を出すようになったこともあり、SNSには日々の気づきを書いて、大きな気づきは本に書くことも増えてきました。SNSの使い分けは、正解があるわけではありませんので、自分なりのパターンをつくって、習慣化していくといいと思います。

スピーカーとして、講師として

伊藤羊一
4時間前・

講師や研修などをやった後の皆さんの表情とか、受講後アンケートを見ると、本当に皆さんが、貴重な時間を過ごすことができ、そこの触媒となれていることを実感する。

LINE さんでやったライブ後の感想も、じっくり読ませていただき、染み入った。やってよかったな、と思った。　→　**今日あったこと**
プラスで社内向けにやりはじめたのが 10 年前。　→　**（過去を振り返っての今）**

グロービスの講師になったのが 7 年前。

ソフトバンクユニバーシティの講師になったのが 6 年前。

KDDI mugen Labo を皮切りに、様々なプログラムでプレゼントレーナーをはじめたのが 6 年前。

Yahoo! アカデミアでみんなの前に立ちはじめたのが 5 年前。

オンラインクラスをはじめたのが 5 年前。

自分で受けはじめたのが 4 年前。

『1分で話せ』が出たのが 2 年前。

それをベースに、他の件も含めて 1 年間 297 回、ステージにたったのが 2 年前。
10 年でようやっと少し形になりはじめた。
自分は、この仕事は、ミュージシャンとして、その時間をオーディエンスと一緒に過ごす夢の時間、という捉え方をしている。

たとえば RC の日比谷野音ライブに行って人生変わった氷室京介、みたいな人がたくさん生まれればな、と思っている。

人生変わらなくても、ああ、今日ライブ行って涙出た、また明日から元気に生きよう、と思ってくれる人がたくさん生まれればな、と思っている。

だから僕のライバルは、U2 のボノであり、ストーンズのミック・ジャガーであり、QUEEN のフレディ・マーキュリー である。　→　**（気づき）**

と、考えるとまだまだ、まだまだだ。

ミスチルの「抱きしめたい」は 6 万枚の売り上げだった。

「Replay」は、8 万枚だった。でもその後の「Cross Road」は、100 万枚だ。

対する『1分で話せ』は、電子入れて 45 万だ。まだまだだ。

観客動員だって、ドーム1回、5 万人とかだ。僕は、1 ホール 50 人とかだ。

でも、
彼らのデビュー前ライブとかで、Keep Yourself Alive をパーティでやって、「ちょっと噂のあのすげー奴ら」くらいにはなってきているのを実感する。

より多くの人に、より遠くに。より深く。　→　**（理念）**

みんなの笑顔を、増やしていきたい。

メッセージで、そして、つくる場のパワーで、世の中が笑顔であふれるよう、貢献し続けようと思う。

そのために、全体のテーマやストーリー、その流れ、セットリストという全体感や、1 曲 1 曲のリズム、間合い、時間、一瞬の言葉遣い、その他、全体から細部に至るまで、パラノイアといわれるくらい、こだわり続け、素敵な場と時間をつくっていく。

「1行日記」での振り返りに慣れてきたら、そこから得た気づきを誰かに話してみるのもおすすめです。気づきを深めていくためには、対話が役に立ちます。

ヤフーでは全社で1on1ミーティングを行なっています。1週間に1回、30分間程度かけてマネージャーとメンバーが1対1で対話するというものです。

1on1ミーティングというと「上司」が「部下」を指導するものだと思う人が多いかもしれません。もちろん、そうした面もあるかもしれませんが、より重要なのは、定期的に相手の話を聞く機会だということです。

もしあなたの勤める会社が1on1ミーティングを取り入れていれば、それを活用してもいいですが、もちろん友人や同僚、家族でも構いません。

対話をする

1行日記を書いてみるとわかりますが、言語化というのは、それ自体が気づきのプロセスです。頭の中で考えている時には完全なロジックだと思っていても、いざ言葉にしてみると、ところどころ矛盾していたり、飛躍していることに気づくのです。

僕もたくさんの1on1ミーティングを行なってきましたが、面白いのは、多くの場合、しゃべっているうちに、話している本人が勝手に気づきを得るということです。

人間というのは、何か話さなければいけないと思うと、強制的に言語化します。話しながら、「あっ、これは辻褄が合っていないな」と気づいて軌道修正したり、整合性のあるストーリーにしなければと思って構造化していくのです。

もうひとつ、人間の思考には、どうしても癖があります。知らないうちに、その癖に基づいて考えてしまうので、壁にぶつかって、なかなか解決できない。そんなことがあります。

その時、「えっ、どうして？」「なぜ、そう思ったの？」という素朴な質問をしてもらうことで、自分の思考の癖に気づいて、軌道修正することができます。

僕は、社内の1on1ミーティングとは別に、友人に頼んで定期的に壁打ちの相手をしてもらっています。朝食や昼食を一緒に食べながら、ひたすら僕の話を聞いてもらうのです。相手がどこまで僕の仕事を理解しているのか、興味を持ってくれているのかはわかりませんが、あいづちを打ちながら聞いてくれたり、たまに「えっ、なんでそう思ったの？」などと質問してくれます。

壁打ちを通じて、自分の思考を深めることができるので、僕にとってとても大切な時間です。仲のよい同僚や友人がいたら、「ご飯おごるから、ちょっとつきあってくれない？」といって、定期的に自分の話を聞いてもらってはどうでしょうか。

一人合宿をする

「1行日記」を持って、一人合宿をするのもおすすめです。前述の、「大振り返り」を行なうためです。

僕は年に何度か、都内近郊のホテルやリゾート地にこもって、自主的に一人合宿を行なっています。

20代、30代の時より、仕事が忙しくなっているのはありがたいことですが、仕事の量が増えてくると、どうしても視野が狭くなりがちです。目先の仕事の締切りや調整ごとに追われてしまって、長期スパンで見て自分の人生をどうしていきたいのか、そもそも自分は何をしたいのかということを深く考える余裕がなくなってしまうのです。

忙しさに追われてアップアップしているから、考える時間がとれない。考える時間がとれないから、効率が悪くなってくる。ますます目の前の仕事に追われてしまうという悪循環です。

ですから、意識的に日常から離れて、毎日の仕事から切り離した時間と場所をつくるようにしています。

カレンダーを見て、最近ちょっと一人合宿に行けていないな、ちょっと視野が狭くなっているなと感じたら、インターネットで近場のホテルに予約を入れて、ふらっと出かけます。

最近はオンライン会議で打合せするのがあたりまえになり、ＰＣ１台あればどこでも仕事ができるので、いっそう出かけやすくなりましたが、一人合宿には、なるべく普段の仕事を持ち込まないように意識しています。

チェックインしたら、普段とは違う風景をボーッと眺めて、まず気分を切り替えます。それから、1行日記やライフラインチャートを読み返しながら、「大振り返り」や、中長期的なプランを立てます。普段、積ん読になってしまいがちな本を何冊か持ち込んで、集中して読むこともあります（最近はゲラチェックや資料作成のために缶詰めになることもありますが、これはまったく別のもので、「ホテルに缶詰」的な仕事ではあります）。

一人合宿は、自分にとって定期的なメンテナンスの時間です。休暇をとってリゾート地などに遊びに行くことも大事だと思いますが、ちょっとだけ非日常の空間に身をおいて、自分の思考回路を定期的にメンテナンスすることで、新しい気づきを得られます。

どうしても忙しい時には、半日だけ遠出して、都内近郊の海が見えるカフェなどで作業することもあります。思い切って場を変えて、「そもそも今の自分の状態は、これでいいんだっけ」というふうに、落ち着いて考えてみるようにしています。

1on1ミーティングもそうですが、振り返りの時間というのは、自分が成長していくために不可欠のものです。1行日記で毎日の習慣をつくるのと同時に、1on1ミーティングや一人合宿といった時間を定期的に、丁寧に取り続けることが大事だと考えています。

日記を続ける秘訣

仕事や家のことが忙しくなってくると、毎日書くのが大変になってしまったり、つい書くのを忘れてしまうこともあると思います。夜遅い時間に帰ってくると、今日は疲れているし、明日でいいか、という誘惑にかられます。僕も同じです。

ただ**忙しさにかまけて振り返りをやめてしまうと、余計に目の前の仕事に追われて忙しくなる**という悪循環に陥ってしまいます。僕は、いやというほどそれを経験してきました。

目の前の仕事を一生懸命やるのも大切ですが、自分を俯瞰して「そもそも今の状態で、いいんだっけ」と考える時間がないと、バタバタと忙しく走り回るだけで、結局、何も結果を出せなかったり、迷走したり、ということになります。その怖さがわかっている人なら、続けられると思います。つまり、振り返りをすることで、優先順位、やるべきことがわかるので、やるべきことに焦点をあてて動くことができるのです。

自分を変えたい、成長したいと思ったら、一発逆転の方法はありません。自分を信じて、過去を振り返り、自分を理解して、未来を考える時間をつくる。その繰り返しの時間こそが大事です。1on1ミーティングもそうですし、1行日記の毎日の振り返りもそうですし、ライフラインチャートを使った大きな振り返りもそうです。

僕は2019年、講演などで270回人前に出て、2冊の本を出版しました。Yahoo!アカデミア学長として、研修セッションの実施や、ZOZOやアスクル、一休などZホールディングス各社と合同の「Zアカデミア」でのセッションも担当しています。同時に、武蔵野大学の新学部設立に向けて奔走しています。

振り返りの習慣を身につけたからこそ、30代、40代の時よりもはるかに忙しい毎

日の中で、日々を過ごしています

毎日続けるのは大変と思う人もいるかもしれません。でも、忙しいから歯を磨かないという人は、あまりいないと思います。どれだけ習慣に、持ち込めるかとどうかというのが大事なのです。

慣れてくれば、気づきの数も増えていき、自分が成長していく実感があって、どんどん楽しくなると思いますが、特に最初のうちは、自分の行動や感情を直視して、いやになることもあると思います。

でも忙しさにかまけて、これまでたくさんの成長の糧を見過ごしてきたのではないでしょうか。同じことを繰り返したいでしょうか。

これまで研修や講演などで、何百人、何千人の人に「振り返りが大事だ」とお伝えしてきました。「じゃあ、やってみます」と行動に移すのは、その中で一握りの人たちです。「やってみたいけど、忙しくてそんな時間はとれません」という人たちが大半です。はじめてみたものの、3か月後に続けている人は、さらに少ないかもしれません。**でも、そういう人たちが変わっていくのを、僕は目の当たりにして**

きました。

この本を読んで、毎日の振り返りこそ自分を成長させる唯一の特効薬なんだと思い、だまされたと思って、ひとまずやってみてほしいと思います。毎日の振り返りを愚直なまでに繰り返すことが「とんでもないところへ行くただひとつの道」です。

習慣化は強い味方です。一度ルーティンとして確立できたなら、どんなに忙しくても、何の用事をしていても、時間をとってやることになります。やることがあたりまえになるのです。

終章

未来をつくるのは「今の自分」だ

書いたこととの活かし方

社会と自分を共生させるために
――自分をメンテするのは自分しかいない

人間は社会の中で生きています。

たとえばあなたが会社員だったら、会社のルールにまずは従わなければいけないでしょうし、マネージャーから指示された仕事は、普通はやらなければなりません。

会社に限ったことではありません。家族がいたら、収入を1円残らず自分の趣味につぎ込んだり、無断外泊してそのへんをほっつき歩いているわけにはいかないでしょうし、市区町村で決められたゴミ捨てのルールはちゃんと守らなければいけません。無人島で一人気ままに生きているなら別ですが、社会のつながりの中で生きている以上、様々なルールを守って生きているのが人間です。

それは社会で生きていくうえで必要なことではありますが、一方で、ルールに従って生きていくことが自分にとって幸せかというと、また別の話です。社会のルールとは別に、自分自身というものが存在するからです。

自分のやりたいこと、社会とのつながり。どちらか片方があればいいというものではなく、このふたつのバランスをとりながら生きているのが人間です。

しかし社会生活の中で、多くの人は、社会とのつながりを優先してしまいがちです。朝起きたら会社に行って、マネージャーに言われた仕事をやらなきゃというようにです。クライアントと仕事の打合せをして「では明日までに提案資料にまとめてください」と宿題をもらってしまったら、よほど急ぎの別件がない限り、残業してでも間に合わせようとするのではないでしょうか。天気もよいし、定時で上がって1杯飲みにいこうと思っていたんだけどな、という自分の気持ちは、押し殺されてどこかにいってしまいます。

それはそれで、成果を出すためには必要なことかもしれません。社会とのつながりを意識した行動ばかり優先させていると、上司や家族、世間の人たちに褒められて、社会的な評価は高くなっていくかもしれません。でも、自分自身が何を本当はやりたいのか、どんな時に幸せだと思うのかといったことは、どんどん置き去りにされてしまいます。

そうならないように、自分自身というものを見失わず、きちんと持つことが「リード・ザ・セルフ」の第一歩です。

「自分」のことを考えられるのは、自分しかいない

自分自身と社会というものを両立させる、「社会的にはこうあるべきかもしれないけれど、自分は本当は違うんだよな」「社会のためにも、これはやっておいたほうがいいんだろうな」と、**両方の価値観を行ったり来たりするのが健全**なのだと思います。その時に「自分」のことを考えられるのは、自分しかいません。

社会のほうは、心配しなくても十分パワーが強いのです。「締切を守ってください」「ゴミは決まった日に捨ててください」「毎朝会社に来てください」――。放っておいても、社会からの要請は毎日シャワーのように降ってきます。

でも、自分自身をメンテナンスできるのは、自分しかいません。自分が何をした

いか、どんな時に嬉しいと感じるのか、汲みとって、きちんとそれをしてあげられるのは、大人になった今、自分しかいないのです。

僕が20代の頃、メンタル不調になってしまったのは、仕事ができなかったからという理由もありますが、社会とのつながりに振り回されるばかりで、自分が何をしたいのかがおざなりになっていたからなのだろうと思います。

振り返りを重ねて、自分の軸が見つかり「自分の人生を歩いていくということは、こんなにも素晴らしいことなのか」ということに気づき、そこから一歩ずつ踏み出せるようになりました。

リーダーシップで必要なのは、「自分の譲れない想いを知る」こと

全人格リーダーシップ教育機関ＩＳＬ（Institute for Strategic Leadership）の創設者である野田智義さんの著書『リーダーシップの旅』（金井壽宏氏と共著。光文社新書）の中に、このような説明があります。

Lead the Self.（自分自身をリードする）
Lead the People.（人々をリードする）
Lead the Society.（社会をリードする）

一般的にリーダーというと、たくさんの人を率いて、先頭を歩いている人を思い浮かべることが多いのではないでしょうか。あるいはキング牧師のように、ビジョンを持って世界を変えようとするリーダーを連想するかもしれません。それは、Lead the People.（人々をリードする）、Lead the Society.（社会をリードする）という状態です。

けれども、どんなリーダーであっても、その人の後ろに最初からたくさんの人がいたわけではありません。今はまだここにない未来に向けて歩きはじめる。それは最初、たった1人の歩みに過ぎませんが、たった1人でもやりたいと思い、歩きはじめることから、すべてがはじまります。

つまり、リーダーシップの根幹にあるのは、リード・ザ・セルフ、自分自身をリードすることです。

では、どうやったらリード・ザ・セルフの状態になれるのでしょうか。それは、自分の中の「譲れない想い」に気づくかどうかだと思うのです。

キング牧師の場合は、人種差別問題の是正こそが譲れない想いでした。そこまで大きなものでなくても構いません。「これだけは譲れない」「絶対に実現したい」という自分の内なる思いに気づいて、やりたいことに向かって歩きはじめた時、それがリード・ザ・セルフという状態になります。自分が歩きはじめて、初めて後に続く人が現れます。

大切なのは、自分のやりたいことに、まず自分自身が熱狂できるかどうかです。つまり、地道な振り返りを通じて、自分の譲れない想いを明確にすることこそが、リーダーとして一番大事な第一歩なのです。

見て見ぬふりをやめて、「理想の高さ」に向き合う

振り返りは、時につらい作業です。そもそも自己嫌悪が標準モードの僕は、振り

返りのたびに現実を直視して目を背けたくなります。

モヤモヤするから、1行日記には書かないでおこう。友達と騒いで、お酒でも飲んで、楽しかったことだけ書いておこう。こんなふうに思う日もきっとあると思います。

でも、モヤモヤするのは、自分が何か感じているからです。うらやましいのかもしれませんし、許せないと思っているのかもしれません。そこには何かしら自分が大切にしている価値観があるはずです。見て見ぬふりをするのは、もったいない話です。

それを毎日繰り返すことによって、成長していく実感が得られます。

僕はわがままですので、たとえば30人の人が僕の講演を聴いてくれたとしたら、それをきっかけに30人全員の人生が良い方向に変わってほしいと思います。けれども、当然ながらそんなことはありません。

まあまあ盛り上がって「楽しかったです」「ありがとう」と言って皆さんが帰路につかれると、喜ぶべきだと頭ではわかっているのですが、「人生を変えるに至らなかった」という自己嫌悪に陥ります。自分の伝えたいことをまだまだ言語化しきれていないという焦りやもどかしさもあります。

昔は、そうした自己嫌悪をなるべく見て見ぬふりをしていました。今は、1行日記にとにかく書いて、直視するようにしています。

自己嫌悪は振り返りのパワーになり、自分に気づきを与えてくれます。そして振り返りと行動を通じて、明日に向かう肯定的なパワーにしていくことができます。それを繰り返していくうちに、どんどん成長を実感するようになり、好循環が生まれました。

もしスタートが遅かったとしても、他人より遅れていたとしても、成長を毎日実感できるから、いつかはすごいところにたどり着けるはずだと信じて頑張ることができます。今できていなくてくやしいことも、うらやましくて妬みそうになることにも、目を背けずにすみます。それもこれも自分を成長させるネタ、「全部自分の成長の糧だ」と思うことができるのです。

何よりも、日々自分の成長を実感できているので、「こうやって成長しているから、たぶん、いつかは世界を平和にすることができるよ」と大した根拠もなく信じることができます。自己嫌悪から目をそらさず、毎日を積み重ねることで、そういう根拠のない自信や自己肯定感を持つことができます。

走らなくてもいいのです。急ぐ必要もありません。目の前の仕事が忙しくて、振り返りなんてしている時間がないのもわかります。でも、その目の前にある経験こそが自分を成長させる糧なのです。

今日の仕事、昨日の仕事。家族との会話、通勤風景。昨日の仕事、今日の仕事、そこで経験したことを、二度三度活用していけば、絶対に成長します。毎日の出来事を、どれだけ有効に使うかという話なのです。見て見ぬ振りをして通り過ぎてしまうのは、もったいない話です。

踏み出して、行動して、振り返り、気づく。その繰り返し。その積み上げの先に、明日の自分がいます。

ぜひ、自分なりの1行日記を書くところから、スタートしてみてください。

おわりに

この本で僕は、しつこくしつこく、「振り返り、気づき、振り返り、気づき」と述べてきました。おそらく僕は、これからも、これを言い続けます。

これは、自分が受けた学校教育で気づかなかった、そして社会人になってもしばらく気づかなかった、でも今は自信を持って皆さんにオススメできる「成長のプロセス」の極意です。

学生の頃の僕は、そして若手銀行員だった僕は、「何かを学ぶとは、暗記すること」と勘違いしていました。だから、本を読んだり、講義を聞いたら、「まず覚えよう」としていました。確かに、高校の期末テストなどでは、それで点数が取れるわけですね。これを社会人になっても、繰り返していました。

そして、なかなか引っ込み思案で行動できませんでしたし、仮に行動しても、自己嫌悪になるので、行動しっぱなしで、振り返ることがありませんでした。

でも、成長するわけがないんです。それでは。

本編にも述べている通り、この方法で「振り返り、気づく」ことを繰り返しているうちに、ガンガンに成長するようになりました。自分で明確にわかるのです。ああ、成長するってこういうことだな、と日々、実感できるようになったのです。だから、皆さんにも是非、この感覚を知って欲しい。そして、チャレンジしてほしい。我慢強く、継続してほしい。これなんです。

おそらく、成長する人は全員このサイクルを回しています。あまり意識していない人もいるかもしれませんが、そういう方は無意識でこれができているわけです。

僕は、学校教育では、このサイクルを知ることはなかった。だから、僕はこれを、みんなに伝えたい。みんなが、一行日記を書くことを通じて、振り返りをする習慣をつけてほしい。そして多くの方々が、「うぉー、成長してる！」と自分の成長を楽しんでもらえることができたら、それが僕にとっての幸せです。

僕には、何もなかった。

何かしらの要因で、受験勉強は得意でした。なぜだかはよくわかりません。でも、それだけでした。だから人と話すのは苦手でしたし、アクションに移すのが苦手でしたし、リーダーシップを発揮するのも苦手でしたし、そして、自身を成長させるのも苦手でした。メンタルが悪化した時もありました。

苦しみながら一歩一歩、あれやこれや試しながら、行動しながら、言語化しながら、自分なりに学び、行動し、成長し、苦手意識を払拭してきました。そのプロセスを、『1分で話せ』『0秒で動け』などの本で言語化し、Ｙａｈｏｏ！アカデミアやグロービスや様々な講演や研修の場で教壇に立つことで、それらを人に伝えてきました。本を読む皆さんや、講義を聞く皆さんに対して、「大丈夫！　変われるから」という思いで。

それはある意味、あの頃の、何もできずに苦しんでいた自分に対するメッセージでもあります。

この本もまったく同じです。

「大丈夫。こうすればきっと成長できるから」ということを、あの頃の自分に伝えながら、皆さんにも伝えたい。そしてあの頃の自分が苦しんでいたところから成長のサイクルを回すことができるようになったように、皆さんにも、成長の喜びを知って欲しい。そして、皆さんの笑顔が見たい。それが、僕の願いです。

人によっては、あたりまえのことかもしれない。そういう方はいらっしゃると思います。ただ、自分自身は、振り返り、気づくことの大切さを知りませんでした。同様に、この世の中で想いを持ち頑張っていながら、どうしたらいいかわからない人がいる限り、僕は伝え続けていきます。

この本は、僕の分身です。ですので、この本を出版することができ、本当に幸せです。

ＳＢクリエイティブの多根由希絵さんには、世に出す機会をいただき、そして渡辺裕子さんには、僕の頭の中を言語化でサポートいただき、心から感謝申し上げます。そして私と仕事やその他の機会に関わっていただいたすべての方に、心から感謝申し上げます。本当にありがとうございます。

１人でも多くの人に、伝えたい。

大丈夫大丈夫。１行日記で、振り返り続けよう。

伊藤　羊一

２０２０年12月

参考文献

「日本人メジャーリーガーの群像　イチロー2年目の真価」（ＮＨＫＢＳ１　２００３年１月放送分）
「身体知獲得ツールとしてのメタ認知的言語化」（諏訪正樹著　人工知能学会誌20巻５号　２００５年）
『人は誰もが多重人格　誰も語らなかった「才能開花の技法」』（田坂広志著　光文社新書　２０１５年）
『リーダーシップの旅』（野田智義　金井壽宏共著　光文社新書　２００７年）
『孫正義　事業家の精神』（井上篤夫著　日経ＢＰ　２０１９年）
『ＷＨＹから始めよ！　インスパイア型リーダーはここが違う』（サイモン・シネック著　栗木さつき訳　日本経済新聞出版　２０１２年）
『「イチローの成功習慣」に学ぶ』（児玉光雄著　サンマーク出版　２０１０年）

著者略歴

伊藤羊一 (いとう・よういち)

ヤフー株式会社 コーポレートエバンジェリスト Yahoo!アカデミア学長。

株式会社ウェイウェイ代表取締役。東京大学経済学部卒。グロービス・オリジナル・MBAプログラム(GDBA)修了。1990年に日本興業銀行入行、企業金融、事業再生支援などに従事。2003年プラス株式会社に転じ、事業部門であるジョインテックスカンパニーにてロジスティクス再編、事業再編などを担当した後、2011年より執行役員マーケティング本部長、2012年より同ヴァイスプレジデントとして事業全般を統括。

かつてソフトバンクアカデミア(孫正義氏の後継者を見出し、育てる学校)に所属。孫正義氏へプレゼンし続け、国内CEOコースで年間1位の成績を修めた経験を持つ。

2015年4月にヤフー株式会社に転じ、次世代リーダー育成を行なう。グロービス経営大学院客員教授としてリーダーシップ科目の教壇に立つほか、多くの大手企業やスタートアップ育成プログラムでメンター、アドバイザーを務める。2021年4月より武蔵野大学アントレプレナー学部長に就任予定。

1行《ぎょう》書《か》くだけ日《にっ》記《き》

2021年1月18日　初版第1刷発行
2021年1月30日　初版第2刷発行

著　者　伊《い》藤《とう》羊《よう》一《いち》

発行者　小川 淳

発行所　SBクリエイティブ株式会社
〒106-0032　東京都港区六本木2-4-5
電話：03-5549-1201（営業部）

編集協力　渡辺裕子
装　丁　小口翔平＋三沢稜（tobufune）
イラスト　すずきひろし
本文デザイン　荒井雅美（トモエキコウ）
本文DTP　白石知美（システムタンク）
校　正　聚珍社
編集担当　多根由希絵
印刷・製本　三松堂株式会社

日本音楽著作権協会（出）許諾第2010124-001号

ISBN 978-4-8156-0800-2

本書のご感想・ご意見をQRコード、URLよりお寄せください。
https://isbn2.sbcr.jp/08002/